ダンマパダ＊目次

訳者によるまえがき

　紀元前五世紀、インド北部に位置したシャーキャ王国（現在のウッタルプラデーシュ州とビハール州が接する地域の北部で、ネパール領にまたがる）に、一人の王子が生まれました。彼の姓はゴータマで、名はシッダールタといいました。

　彼は、人間が生きている限り誰一人として避けることができない老い、病、死をはじめとする苦しみを乗り越える道を探し求めて、二九歳で王宮を後にし、「出家」しました。六年にわたる修行・思索の末に、三五歳であらゆる苦しみを超越するダンマ（真理、理《ことわり》）を見出《みいだ》し、「目覚めた人」すなわちブッダとなりました。それ以後八〇歳で亡くなるまでの四十五年間、ガンジス川中流域の各地を巡り歩いて、自らが見出したダンマをあらゆる階層、境遇の人々に説いてまわりました。

　ブッダが用いたのは、「心の汚れ」、「安らぎ」、「修養に励む人」といった響きの、耳で聞いてわかる、平易な日常的な言葉で、一般の人々にごく自然に受け止められるものでした。ブッダの教えが多くの民衆に受け入れられ、やがて仏教という新たな偉大な宗教が誕生することになった大きな一因は、ブッダの言葉のやさしさにあったと思われます。

　ブッダの言葉は、その死後数世紀の間は口承で語り継がれましたが、紀元前後には徐々に文字に書き記されるようになりました。こうしたテクストは、最初はパーリ語という、ブッダ自身が話したと思われるガンジス川中流域の古代マガダ語に近い言語で編纂されました。そのもっとも初期に成立したいわゆる「お経」の中で、珠玉の双璧とされるのが『ダンマパダ（法《ほっ》句《く》経《きょう》）』と『スッタニパータ（経集）』です（後者は既に光文社古典新訳文庫に収録されています）。これら二つの作品は、いずれも断片的な短い教えを集めたものですが、現段階で文献学的に遡りうる最古の資料であり、ブッダの言葉、教えに最も近づくことができるものです。

　『ダンマパダ』は、ブッダの言葉を暗唱しやすいように、音節数（もっとも一般的には八）が決められた句を四つで一つのまとまりとするガーター（漢訳仏典では「偈《げ》陀《だ》」、「伽《か》陀《だ》」と音写。多くの場合には「偈《げ》」一字で用いられ、本書でもそれに従いました）と呼ばれる詩句にまとめたものです。中にはブッダが第一人称で語るものもあり、ブッダの息吹が感じられ、ブッダが民衆に話しかける姿が目に浮かびます。

作品全体の特徴について一言触れますと、第一章の章題「対句」がそれをよく表わしており、連続する二偈ずつが「邪《よこしま》な・清らかな」、「抱く・抱かない」、「悪い・善い」のように対句になっている偈が多くあります。さらには、一つの偈の中で前半と後半を「千・一」、「百・一」のように対比させることも多くあります。

『ダンマパダ』の「ダンマ」はパーリ語ですが、一般にはそのサンスクリット語形「ダルマ」の方がよく知られています。この言葉は、漢訳仏典では「達磨《だるま》」と音写され、「法」と訳されます。極めて意味範囲が広く、多岐にわたりますから、日本語では一つの用語を当てることが不可能です。それゆえに本書では、文脈に従って「ダンマ」とカタカナ表記したり、「真理」、「理《ことわり》」、「ものごと」などと訳し分けました。「パダ」は「句、語句」を意味します。ですから、本書では「真理の言葉」としました（ちなみに、解説で触れますように、漢訳仏典としては紀元三百年頃に『法句経』として訳出されています）。

翻訳にあたっては、『スッタニパータ』同様、漢訳仏教用語は極力用いず、現代の日常的な言葉にすることを第一に心がけました。これは、ブッダが当時の民衆に語りかけるときに、けっして難解な言葉を用いずに、誰にでもわかる平易な言葉で説いた態度に倣うものです。

日本人は六世紀以来、漢訳仏典を介して仏教に慣れ親しんできました。しかし長い間仏典がわかりやすい日本語に訳されることはありませんでした。逆説的ですが、難解極まりない漢訳仏典、漢訳仏教用語こそが、現代日本人からブッダを遠ざけ、隠蔽《いんぺい》している最大の原因でしょう。お経は意味がわからないまま、僧侶が読経するのを耳にして、ただただありがたく拝受するものとしてしか存在せず、その真価は理解されていません。

しかし、紀元前五世紀のインドの偉大な宗教家であり思想家であるブッダの言葉は、まさに時の古今を問わず、洋の東西を超えた普遍性を持っており、二千四百年余を経た現代の日本人にも強く訴えるものがあります。『スッタニパータ』と並んで『ダンマパダ』の日常語訳が、思想家ブッダの「再」発見というよりは、「新」発見の契機となれば、訳者としてこれに勝る幸せはありません。

ダンマパダ

第一章　対句[1]

1　心はすべてのものごとに先立ち、すべてをつくり出し、すべてを左右する。
邪《よこしま》な心で話し、行動する人には、苦しみ[2]が付き従う。
あたかも、荷車を牽《ひ》く牛の足跡の上を車輪が付き従うように。

2　心はすべてのものごとに先立ち、すべてをつくり出し、すべてを左右する。
清らかな心から話し、行動する人には、幸せが付き従う。
あたかも、影が身体《からだ》を離れることがないように。

3　「あの人は私を罵《ののし》った。あの人は私を傷つけた」、
「あの人は私をうち負かした。あの人は私から奪った」、
そういう思いを抱く人からは、怨《うら》みはついに消えることがない。

4　「あの人は私を罵った。あの人は私を傷つけた」、「あの人は私をうち負かした。あの人は私から奪った」、そういう思いを抱かない人からは、怨みは完全に消える。

5　怨みは、怨みによって消えることは、けっしてなく、怨みは、怨みを捨てることによってこそ消える。これは普遍的真理である。[3]

1　5偈と6偈の二偈を除いては、連続する二偈ずつが「邪な心・清らかな心」（1偈・2偈）、「抱く人・抱かない人」（3偈・4偈）、「行いの悪い人・行いの善い人」（15偈・16偈、17偈・18偈）のように「対」をなしているので、「対句」が章名となっている。

2　パーリ語「ドゥッカ」、漢訳仏典では「苦」と訳される。痛みといった肉体的なものと、悲しみ、悩みといった心的、精神的なものの両方を含むが、原語の意味は「他の要因によって条件付けられていて、思い通りにならないこと」である。255偈の注参照。

3　第二次世界大戦を終結させたサンフランシスコ対日講和会議（一九五一年）で、仏教国セイロン（現在のスリランカ）は、日本に対する損害賠償請求権を自発的に放棄した。セイロンを代表したJ・R・ジャヤワルダナ蔵相（後に大統領。一九〇六ー一九九六）は、その理由として、ブッダのこの言葉を引用している。223偈も同趣意。

6　人は死すべきものである、と自覚しない人がいる。
しかし人がそう自覚すれば、争いは鎮まる。

7　感覚器官[4]を制御せず、食事を節制せず、官能的快楽を追い求め、
放逸に流れる人は、悪魔[5]にうちのめされる。
あたかも、根の腐った樹木が風に倒されるように。

8　感覚器官をよく制御し、食事を節制し、官能的快楽を追い求めず、
信仰[6]を持ち、勤《いそ》しみ励む人は、悪魔にうちのめされない。
あたかも、岩山が風にゆるがないように。

9　心の汚れを除かずに、僧衣をまとう人は、
自制心も、真摯《しんし》さもなく、僧衣をまとう資格がない。

10　心の汚れを除きさり、戒めを守る人は、

自制心も、真摯さもあり、僧衣をまとう資格がある。

11 真実ではないものを、真実と見なし、真実を、真実ではないと見なす人は、
誤った思いに囚われて、真理に達しない。

12 真実を、真実と知り、真実ではないものを、真実ではないと知る人は、
正しい思いに従って、真理に達する。

---

4 仏教では人間には、目、耳、鼻、舌、身体の五つの感覚器官（仏教用語では「五根」）があり、各々が色と形、音、匂い、味、感触を対象とする視覚、聴覚、嗅覚、味覚、触覚という五感を司ると考えられている。加えて、概念などの抽象的事柄を対象とする精神的領域の作用を司る心がある。この六種の感覚・知覚器官（「六根」）で、人間活動の総体を包括する。

5 パーリ語「マーラ」は、漢訳仏典では「魔羅《まら》」、「摩羅《まら》」と音写される。心を迷わせ、正しい判断を妨げる作用の象徴。

6 パーリ語「サッダー」。仏教で言う信仰とは、一般的な意味での信仰ではなく、ブッダの教えを理解した上での、その正しさへの信頼、確信と言った方がふさわしい。

13 粗雑に葺《ふ》いてある屋根からは雨が漏《も》れ入るように、
修養されていない心には情欲が入り込む。

14 しっかり葺いてある屋根からは雨が漏れ入らないように、
よく修養された心には情欲が入り込まない。

15 行いの悪い人は、この世でも、あの世でも憂《うれ》う。
自分の汚れた行いを見て、彼は憂い、悩む。

16 行いの善い人は、この世でも、あの世でも幸せである。
自分の清らかな行いを見て、彼は喜び、幸せである。

17 行いの悪い人は、この世でも、あの世でも悔《く》いる。
「私は悪いことをした」と思って悔い、悪い境遇[7]に生まれ落ち、さらに苦しむ。

18 行いの善い人は、この世でも、あの世でも喜ぶ。

「私は善いことをした」と思って喜び、善い境遇[8]に生まれ、さらに喜ぶ。

19 たとえ教えを数多く諳《そら》んじていても、それを心がけ、実践しない人は、
他人《ひと》の牛を数えるだけの牛飼いと同じで、修養に励む人[9]の部類には入らない。

7　仏教では生きものの境遇を善趣《ぜんしゅ》・悪趣《あくしゅ》の二種類に分類する。悪趣には畜生、餓鬼《がき》、地獄の三趣がある。

8　善趣のことで、人（間）と天の二趣、あるいは阿修羅《あしゅら》を加えて三趣とする。善趣・悪趣を総じて五（・六）趣、あるいは五（・六）道とする。

9　パーリ語「サマナ」または「サーマンニャ」（サンスクリット語「シュラマナ」）。漢訳では「沙門《しゃもん》」と音写される。主にバラモン階級出身者以外の修行者を指す。本書では原則として「修養に励む人」と訳した。

20　たとえ教えは少ししか諳んじていなくても、理《ことわり》に従って実践し、
貪欲《とんよく》と怒りと迷妄《めいもう》[10]を捨て、理を正しく理解し、
心が解放されていて、執着しない人は、修養に励む人の部類に入る。

10 人間の苦しみの原因である三つの心的要素。貪欲（パーリ語「ラーガ」。漢訳仏教用語では「どんよく」ではなく、「とんよく」と読む）は、好きなものを入手し所有しようとする欲望で、怒り（パーリ語「ドーサ」。漢訳仏教用語では「瞋恚《しんい》」）は、嫌なものを憎《にく》み排斥しようとする、正反対の欲望である。その両者を引き起こすのが、生存欲とも言える根源的な欲望、すなわち迷妄《めいもう》（パーリ語「モーハ」。ほぼ同義語として、無明《むみょう》〔パーリ語「アヴィッジャー」〕で、漢訳仏教用語では「愚癡《ぐち》」）である。この根源と、そこから生じる反対方向に作用する二つの欲望、この三者を総称して、貪瞋癡《とんじんち》の三毒という。

第二章　勤《いそ》しみ

21　勤しみ励むのは不死[11]への道であり、節制のなさは死への道である。
勤しみ励む人は死ぬことがなく、なまける人は、生きた屍である。

22　この理《ことわり》をはっきりと知り、勤しみ励む賢者は、
努力に喜びを見出し、聖なる境地を楽しむ。

23　彼は、つねに思索し、堅固な意志を持って、勤しみ励み、
平安の境地[12]、すなわち無上の幸せに到る。

24　努力し、思慮深く、行いは清く、気をつけて行動し、
自制し、教えに従って生き、勤しみ励む人は、名声が高まる。

25 思慮ある人は勤しみ励み、自制し、
自己を、激流[13]に押し流されない島のような拠り所にする。

26 愚かで、浅はかな人は、放逸にふける。
聡明な人は、努力を宝物のように大切にする。

11 パーリ語「アマタ」で、漢訳仏典では中国の伝説上の天から降る「甘露《かんろ》」という水を指す言葉が当てられる。「不死の境地」は、仏教の究極目的である「平安の境地（ニッバーナ）」と同義に用いられる。

12 パーリ語「ニッバーナ」（サンスクリット語「ニルヴァーナ」で、この方が一般的に知られている）で漢訳では「涅槃《ねはん》」と音写されるが、本書では「平安の境地」あるいは「安らぎ」などと訳した。苦しみが消滅した状態であり、ブッダ在世の頃は出家修行者に限らず在家者でも、生きているあいだに到達できる目標であったが、後世になると普通の人では生前には到達不可能な、まったく縁遠いものとなってしまった。「サンティ」（サンスクリット語「シャーンティ」）、漢訳仏典では「寂静《じゃくじょう》」と同義で、「涅槃寂静」と連記されることが多い。

13 欲望、煩悩の譬《たと》え。

27 放逸にふけり、官能的快楽に溺れてはならない。
勤しみ励み、思索する人は、大いなる幸せを得る。

28 賢き人は勤しみ励み、なまけず、叡智の高みに到り、
自らは憂いから解き放たれて、憂いある人たちの姿を見おろす。
あたかも、山上の人が平地の人たちを見おろすように。

29 なまける人たちの中でなまけず、眠っている人たちの中で目醒《めざ》めている賢者は、
駿馬《しゅんめ》が、遅い馬の群れの中を駆け抜けるように、彼らを置きざりにする。

30 マガヴァー[14]は、勤しみ励み、神々の中での最高の者となった。
勤しみ励むことはつねにほめたたえられ、放逸にふけることはつねに非難される。

31 勤しみ励むことを楽しみ、放逸の恐ろしさを知る出家修行者[15]は、
心の憂いを、炎がすべてを焼きつくすように、細大漏らさず焼きつくす。

32　勤しみ励むことを楽しみ、放逸の恐ろしさを知る出家修行者は、堕落することなく、平安の境地に向かう。

14　インドラ神の別名。インドラ神は、インド最古の聖典『リグ・ヴェーダ』の最高神で、戦士の姿をとる英雄神。仏教に採り入れられ帝釈天《たいしゃくてん》として護法神の一つとなった。

15　パーリ語「ビック」、漢訳仏典では「比丘《びく》」と音写される。「食を乞う者（乞食《こつじき》（者））」、「托鉢者」の意味で、仏教では、出家した弟子を指す。本書では原則として「出家修行者」とした。

第三章　心

33　心は、動揺し、ざわめき、制御し難い。
聡明な人は、矢師が矢をまっすぐに矯《た》めるように、この心を矯める。

34　心は、水から引き揚げられて、陸地に投げ捨てられた魚のように、
悪魔の支配から逃れようと、ばたばたともがきまわる。

35　心は、捉え難く、軽々しく、欲するがままに動き回る。
この心を制御することはよいことであり、制御された心は幸せをもたらす。

36　心は、目に見えず、微妙で、欲するがままに動き回る。
聡明な人はこの心を制御し、制御された心は幸せをもたらす。

37　心は、遠くにさすらい、独り動き、姿かたちなく、胸の奥深くに潜《ひそ》む。
この心を制御する人は、死の束縛から逃れる。

38　心落ち着かず、正しい理《ことわり》を知らず、
俗事に惑わされる人は、完璧な叡智を得ることができない。

39　心乱れることなく、思い惑うことなく、
世俗的な善悪を超越し、意識が目醒めた状態にある人には、恐れがない。

40　この身体《からだ》は瓶のように壊れやすいものだと知り、心を城郭のように堅固にし、
叡智の刀で悪魔と戦え。勝ちとったものを身に付け、とどまることなく進め。

41　ああ、この身はやがて、役立たなくなった丸太のように見捨てられ、
意識なく、地に倒れ臥《ふ》すだろう。

42　憎しみを持った人が憎む相手にすること、怨みを持った人が怨む相手にすること、

それ以上にひどいことを、邪悪な心は自分自身にする。

43 母が、あるいは父が、他の親族がしてくれること、それ以上によいことを、実直な心は自分自身にしてくれる。

第四章　花にちなんで[16]

44　誰が、この地上界、ヤマの世界[17]、神々の世界を征服するだろうか。誰が、すばらしい真理の言葉[18]を、花の栽培者が花を摘むように、摘み集めるだろうか。

45　学び励む人が、この地上界と、ヤマの世界と神々の世界を征服する。学び励む人が、すばらしい真理の言葉を、花の栽培者が花を摘むように、摘み集める。

16　50、57偈だけが、例外的に花にちなんでいない。他の文脈から挿入されたのであろう。

17　人類最初の死者。そこから転じて冥界、ことに地獄の支配者となり、死王と見なされる。漢訳仏典では「閻魔《えんま》」と音写される。

18　原著のタイトルと同じ「ダンマパダ」という言葉が用いられているが、ここでは書名ではない。続く45偈も同じ。

46 身体《からだ》は泡沫《うたかた》のごとくであり、かげろうのようなものであると理解し、
悪魔の花の矢〔誘惑〕を打ち払って、ヤマの手が届かない[19]ところへ行くべし。

47 死は、洪水が眠っている村を押し流すように、[20]
人が花を摘むのに心奪われているあいだに、人をさらっていく。

48 花を摘むのに心奪われ、愛欲にうつつを抜かすあいだに、
死魔は、人を圧倒する。

49 蜜蜂が花と色香をそこなわずに、蜜だけを吸い取って飛び去るように、
聖者[21]も村に托鉢に赴《おもむ》いては、そのようにふるまうべきである。

50 他人《ひと》の過ち、他人のしたこと、しなかったことを気にするな。
ただ自分のしたこと、しなかったことだけを気にかけよ。

51 すばらしい教えは、色鮮やかで、美しくても、

実践されなければ、香りがない花と同じで実を結ばない。

52 すばらしい教えは、色鮮やかで、美しく、実践されれば、香りのいい花のように実を結ぶ。

53 うずたかく積み上げられた花で、花飾りを作ることができるように、死ぬべき者として生まれた人間は、その人生で多くの善いことをなすことができる。

54 栴檀《せんだん》、伽羅《きゃら》、[22]ジャスミンなどの花の香りは風に逆らっては広まらない。ただ一つ、徳の香りは風に逆らっても広まり、徳ある人はすべての方向に薫る。

19　170偈の「ヤマの目に留まらない」も同趣意。

20　287偈にも同様な表現がある。

21　パーリ語・サンスクリット語「ムニ」で、漢訳仏典では「牟尼《むに》」（たとえば釈迦牟尼）と音写される。理想的な宗教者を指すが、「沈黙の行《ぎょう》を修する人」という意味合いがある。

22　パーリ語・サンスクリット語「タガラ」の音写「多伽羅《たがら》」の短縮形。沈丁花《じんちょうげ》の木からできる香料（沈香《じんこう》）の内、黒い光沢がある優良品。

55　栴檀、伽羅、青蓮華《しょうれんげ》、ヴァッシキー[23]など、
あらゆる香りのうちで、徳の香りに勝るものはない。

56　徳ある人の香りは、神々の中に漂い、至高である。
（それに比べれば）伽羅、栴檀の香りは、微《かす》かなものでしかない。

57　徳を積み、勤《いそ》しみ励み、
正しい理解によって解放された人は、悪魔に妨げられることがない。

58　大通りに捨てられた塵芥《ちりあくた》の山の中から、
香《かぐわ》しく麗《うるわ》しい蓮華が生え出るように、

59　塵芥にも似た、暗愚な凡人たちの中にあって、
正しく目覚めた人[24]の弟子は、叡智によって輝く。

23　ジャスミンの一種。
24　「(ものごとのありのままの姿に) 目覚めた人」のパーリ語・サンスクリット語は「ブッダ」で、漢訳仏典では「仏陀《ぶっだ》」と音写されるが、本書ではこう訳すか「ブッダ」とカタカナ表記した。

第五章　愚者

60 眠れない人には、一夜は長く、疲れた人には、一里は遠い。
正しい真理を知らない愚者には、生死の道のり〔輪廻〕は長い。

61[25] 旅に出て、もしも自分よりも優れた人、あるいは自分と同等の人に出会わなかったら、きっぱりと独りで旅するべきである。愚者を道連れにしてはならない。

62 愚者は自分の子供や財産のことを、思いわずらい、悩み苦しむ。そもそも、自分自身さえ自分のものではないのに[26]、子供や財産が、どうして自分のものだろうか。

63 「自分は愚者である」と自覚する人は、すなわち賢者であり、
「自分は賢者である」とうぬぼれる人は、まさしく愚者である。

64 あたかも、スプーンにスープの味がわからないように、
愚者は一生涯賢者に仕えても、真理を知ることがない。

65 あたかも、舌はスープの味が即座にわかるように、
聡明な人は瞬時賢者に仕えて、ただちに真理を知る。

66 愚鈍な人は自分に対して敵に対するようにふるまい、
悪い行いをして、苦い結果を招く。

---

25 330偈および『スッタニパータ』47偈と類似。

26 仏教では「自分」（パーリ語「アッタ」、漢訳仏教用語では「我」）という概念そのものが虚構である、すなわち普通に「自分」と考えられているものは実は「自分」ではないと見なす。一般に「無我」すなわち「我が存在しない」というのが仏教の立場だと考えられているが、厳密には「非我」すなわち「自分と見なされているものは実は自分ではない」ということである。

67 悪い行いをしたあとには、後悔し、顔に涙して、報いを受ける。

68 善い行いをしたあとには、後悔することなく、嬉しく喜んで果報を享受する。

69 愚者は悪い行いをしても、その報いが熟すまでは、蜜のように甘く思う。悪い行いの報いが熟した時、彼は苦悩する。[27]

70 愚者が長いあいだ、茅草の端に付く水滴ほどのわずかな食べ物しか摂らない苦行をしても、（その功徳は）真理をわきまえることのそれの十六分の一[28]にも及ばない。

71 悪い行いの報いは、牛乳がすぐには凝固しないのと同じく、即座には巡ってこない。灰に覆われた火のように、静かに燃えながら、徐々に愚者に忍び寄る。

72
愚者は知識と名声を得ても、ついには自滅する。
知識と名声が自らの不利となり、不運となる。

73
愚者は不相応に尊敬されたがり、教団で上位を占めたがり、
僧房にあっては権勢を、信者の家では供養を得たがる。

74
「在家者たちも、出家者たちも、私がこれをしたことを周知させよ。
なすべきこと、なすべきでないことについて、私の指示に従え」
愚者はこのように尊大にふるまい、欲求と傲慢《ごうまん》とが増大する。

75
一つは世俗の営利を求める道であり、一つは平安の境地に到る道である。
ブッダの弟子である出家修行者は、この理《ことわり》を知り、
栄誉を喜ぶことなく、孤独の境遇に安住せよ。

27　119偈と同趣意。
28　「ごくわずか」の意。十六は、インドでは象徴的な数字。

第六章　賢者

76　自分の過ちを指摘し、教えてくれる聡明な人に出会ったら、
宝のありかを教えてくれる人につき従うように、その人につき従え。
そのような人につき従うならば、善いことはあっても、悪いことはない。

77　他人《ひと》を諭し、他人を教え、無作法なことをさせるな。
そうすれば、悪人からは疎まれても、善人からは親しまれる。

78　悪友と交わらず、卑しい人と交わるな。
良友と交わり、尊い人と交われ。

79　真理を喜ぶ人は、心清らかに澄み、安らかに生きる。
賢者は、聖者が説かれた真理をつねに楽しむ。

80
灌漑技師は水を導き、矢師は矢を作り、
大工は木を製材し、賢者は自己を修養する。[29]

81
岩の塊が風に揺るがないように、
賢者は非難にも称讃にも動じない。

82
深い湖が澄みきって、ざわつかないように、
賢者は真理を聞いて、心安らかである。

83
賢者はものごとに執着することなく、官能的快楽を追い求めず、
楽しいことがあっても、苦しい目に遭っても、動じることがない。

84
自分のためにも、他人《ひと》のためにも、

29　145偈では、「賢者」が「慎み深い人」となっているだけで、他は同文。

子供、財産、国家のためにも、悪事を働かず、
邪《よこしま》な手段で成功しようとしない人、
彼は徳があり、聡明で、正義の人である。

85 人は多いが、向こう岸[30]に渡る人は少ない。
多くの人は、こちらの岸でさまよっている。

86 理《ことわり》が正しく説かれた時、その理に従う人は、
渡り難い死の領域を超えて向こう岸に到る。

87 賢者は、悪い行いを慎み、善い行いをなす。
家を捨てて、世俗生活を営まず、官能的快楽のない独居に喜びを求める。

88 賢者は欲楽を離れ、無一物《むいちもつ》となり、
心の汚れを消しさり、自らを浄める。

89 目覚め[31]への条件を整え、心を修養し、執着を捨てるのを喜び、
心の汚れを滅ぼし尽くして輝く人は、この世で平安の境地に達している。[32]

30 河川の両岸すなわち此岸《しがん》と彼岸《ひがん》を、各々苦しみの世界と安らぎの世界と見なす。仏教の目的は、こちらの岸から向こうの岸に渡ることである。また、川の流れは、欲望の譬《たと》えとして用いられる。

31 「（ものごとのありのままの姿の）目覚め」はパーリ語「ボーディ」で、漢訳仏典では「菩《ぼ》提《だい》」と音写される。「目覚め」に到った人がブッダすなわち「目覚めた人」である。

32 ブッダ在世中は、「目覚め」、「平安の境地」は生きているあいだに到達できるものであったことを明示している。ブッダ没後、時間の経過とともに、こうした境地は一般の修行者には生きているあいだには到達できない、はるかかなたのものと見なされるようになった。21頁の注12参照。

第七章　供養に値する人[33]

90　修行の道のりを終え、憂いを離れ、自由自在で、
あらゆるしがらみを断ち切った人に、悩みはない。

91　心ある人は勤《いそ》しみ励み、白鳥が湖を後にするように、
世俗的生活を楽しまず、捨てさる。

92　蓄財することなく、食事は慎《つつ》ましやかで、情欲の兆しもなく解放された人、
彼の歩みは、空飛ぶ鳥の軌跡のようにたどり難い。[34]

93　汚れを除き取り、食べ物を貪《むさぼ》らず、情欲の兆しもない解放された人、
彼の歩みは、空飛ぶ鳥の軌跡のようにたどり難い。

94 御者が馬を調教するように、感覚器官を制御し、
驕《おご》りを捨て、汚れをなくした人、神々でさえも彼を羨む。

95 大地のように動じることがなく、固く閉ざされた門のように慎み深く、
汚れた泥のない湖のように清い人、彼はもはや輪廻の世界にさまよわない。

96 正しい叡智によって解放され、安らかな人、
彼は心も言葉も行い[35]もおだやかである。

33　パーリ語「アラハン」（サンスクリット語「アルハン」）で、漢訳仏典では「阿羅漢《あらかん》」と音写され、「応供《おうぐ》」（「供養・尊敬に値する聖者」の意味）と訳される。ブッダ在世当時は、「如来《にょらい》」などと同じくブッダの別称として同格に用いられていたが、後世ではブッダに次ぐ位に降格された。

34　ブッダなど精神的に次元の高い人の行いは、普通の人間には窺《うかが》い知れないという意味。同様の表現は、179、180偈にもある。

35　心、言葉、行いは仏教用語で身口意《しんくい》の三業《さんごう》と包括され、人間のあらゆる活動を指す。

97 情欲を離れ、安らぎを知り、しがらみを断ち切り、世俗的善悪を超え、
欲望を捨てさった人、彼こそじつに最上の人である。

98 村であれ、森であれ、低地であれ、平地であれ、
尊敬に値する人のいるところは、どこであれ楽しい。

99 歓楽を求めず、執着のない人たちは、
世の一般の人たちとは異なり、人里離れたところを楽しむ。

第八章　千という数にちなんで[36]

100 千の無益な言葉よりも、
聞いて心静まる有益な言葉一つのほうがいい。

101 千の無益な詩よりも、
聞いて心静まる有益な詩一つのほうがいい。

102 百の無益な詩を唱えるよりも、
聞いて心静まる真理の言葉[37]一つのほうがいい。

---

36 「千」以外の数（百、百万など）も出てくる。実質的な数ではなく、多数を意味し、「千の○○よりも、一つの××のほうがいい」という比較による修辞法。

37 44偈の注参照。

103 百万の敵に戦場で勝利するよりも、
己《おのれ》一人にうち克つ人こそ、最上の勝者である。

104 自己にうち克つことは、他人《ひと》に勝つことよりも優れている。
つねに行いを慎み、自己を制御する人、

105 その人の勝利を、敗北に転じることは、
神も、ガンダルヴァ[38]も、悪魔も、ブラフマー神[39]もできない。

106 百年のあいだ、月々何千もの供犠祭祀を営むよりも、
自己を修養した人を、一瞬でも崇拝するほうが優れている。

107 百年のあいだ、林の中で火の祭祀を営むよりも、
自己を修養した人を、一瞬でも崇拝するほうが優れている。

108　一年間功徳を得るために神を祀り、犠牲を捧げようとも、
その功徳は行いの正しい人を敬うそれの四分の一[40]にも及ばない。

109　礼節を守り、つねに年長者を敬う人には、寿命と美しさ、
楽しみと力、この四つが増大する。

110　百年のあいだ、行い悪く、心乱れて生きるよりも、
行い優れ、心静かに、一日生きるほうがいい。

111　百年のあいだ、愚かに、心乱れて生きるよりも、
賢く、心静かに、一日生きるほうがいい。

38　漢訳仏典では、「乾闥婆《けんだつば》」と音写される。インド神話で、キンナラ（「緊那羅《きんなら》」と音写される）などと並ぶ天上の伎楽神の一つ。

39　ヴィシュヌ神、シヴァ神と並ぶバラモン教の三大神の一つ。漢訳では「梵天《ぼんてん》」。

40　70偈の「十六分の一」と同じく、「ごくわずか」の意。

112　百年のあいだ、怠りなまけて無気力に生きるよりも、
意志堅固に、勤《いそ》しみ励んで、一日生きるほうがいい。

113　百年のあいだ、ものごとの生起と消滅の理《ことわり》[41]を知らずに生きるよりも、
ものごとの消滅の理を知って、一日生きるほうがいい。

114　百年のあいだ、不死への道[42]を知らずに生きるよりも、
不死への道を知って、一日生きるほうがいい。

115　百年のあいだ、最上の真理を知らずに生きるよりも、
最上の真理を知って、一日生きるほうがいい。

41　190、191偈に説かれる四つの真理（四聖諦《ししょうたい》）のこと。
42　21偈の注参照。

第九章　悪

116　善い行いをするのを急ぎ、悪い行いから心を遠ざけよ。
善い行いをするのに怯《ひる》むあいだに、心は悪い行いを楽しむ。

117　悪い行いをしたのならば、それを繰り返してはならない。
悪い行いになじんではいけない。悪い行いを積み重ねるのは苦しみである。

118　善い行いをしたのならば、それを繰り返せ。
善い行いを心がけよ。善い行いを積み重ねるのは楽しみである。

119　悪い行いの報いが熟すまでは、悪人でも良い思いをすることがある。
しかし悪い行いの報いが熟した時には、悪人には不幸が訪れる。[43]

120　善い行いの果報が熟すまでは、善人でも災いに遭うことがある。
しかし善い行いの果報が熟した時には、善人には幸いが訪れる。

121　「私はその報いを受けない」と思って、悪い行いを軽んじてはならない。
水は一滴ずつ滴《したた》り落ち、水瓶《すいびょう》を満たす。
愚者は、悪い行いを少しずつ重ね、やがて災いに満たされる。

122　「私はその果報を享受できない」と思って、善い行いを軽んじてはならない。
水は一滴ずつ滴り落ち、水瓶を満たす。
善人は、善い行いを少しずつ重ね、やがて福徳に満たされる。

123　多くの財宝を運ぶ小さな隊商が、危険な道を避けるように、
生きたいと願う人が毒を避けるように、もろもろの悪い行いを避けよ。

43　69偈と同趣意。

124 手に傷がなければ、手で毒を扱える。
傷のない人に、毒は及ばず、悪い行いをなさない人には、悪の及ぶことがない。

125[44] あたかも、風上に向かって投げた塵《ちり》が自分に舞い戻ってくるように、
汚れなく、清く、咎《とが》のない人を傷つける人には、災いが襲ってくる。

126 （死後）人に生まれ変わる人もいるが、悪い行いをした人は地獄に落ちる。
善い行いをした人は、天に赴《おもむ》き、汚れのない人は、平安の境地に到る。

127 大空の中にいても、大海の中にいても、山中の洞窟にいても、
およそ世界のどこにいても、悪い行いの報いからは逃れられない。

128 大空の中にいても、大海の中にいても、山中の洞窟にいても、
およそ世界のどこにいても、死からは逃れられない。

44 『スッタニパータ』662偈と類似。

第十章　暴力

129　生きとし生けるものは暴力に怯《おび》え、死を恐れる。自分も他人も同じである以上、殺してはならず、殺させてはならない。

130　生きとし生けるものは暴力に怯え、命は愛しい。自分も他人も同じである以上、殺してはならず、殺させてはならない。

131　生きとし生けるものは幸せを求めている。自分の幸せを求めて生きものを傷つける人は、死後幸せを得られない。

132　生きとし生けるものは幸せを求めている。自分の幸せのために生きものを傷つけることのない人は、死後幸せを得る。

133 荒々しい言葉を口にしてはならない。言われた人はあなたに言い返すだろう。怒りの言葉は苦痛であり、その報いはあなたの身に降りかかる。

134 ひび割れた鐘の音のように声を荒立てず、怒ることがなければ、あなたは平安の境地に到る。

135 牛飼いが棒で牛を駆り立てるように、老いと死とは生きとし生けるものを終焉に駆り立てる。

136 愚者は、悪い行いをなしながら、それに気がつかない。愚者は、自分の悪い行いによって、火に焼かれるように苛《さいな》まれる。

137 罪科もなく、手向かいもしない人に、暴力を振るえば、次の十種の災いのうちのどれかに、速やかに見舞われるだろう。

138 激しい痛み、老衰、身体《からだ》の障害、

重い病、精神異常、

139 刑罰、恐ろしい告げ口、
親族の滅亡、財産の損失、

140 あるいは火災による家屋の消失。
愚者は、身体が滅んだのち、地獄に落ちる。

141 裸行も、髪を切らずに伸ばし続けることも、身に泥を塗る修行も、
断食も、地に臥《ふ》す修行も、
塵芥《ちりあくた》を身に塗る修行も、蹲《うずくま》りの修行[45]も、
疑いを断ち切っていない人を浄められない。

142 ふるまいが穏やかで、心を修養し、自己を制御し、慎み深く、清らかで、生きものに暴力を振るわない人、
彼こそ、外見がどうであれ、行い清き人[46]とも出家修行者とも呼ばれる。

143 良馬が鞭をあてられまいと努めるように、自ら恥じて、自己を制御し、非難されないように心がける人が、この世にいるだろうか。いたとしても稀である。

144 鞭をあてられた良馬が勢いよく疾走するように、

---

45 これらはすべて当時インドで行われていたさまざまな修行である。ブッダは、こうした身体を苦しめる修行を、無益な苦行と見なして、放棄した。

46 パーリ語「ブラーフマナ」は、漢訳仏典では「波羅門《ばらもん》」と音写され、一般的にはインドのカースト制での最高のカーストである司祭階級を指す。しかし初期仏典では「バラモン」という言葉が二重の意味で使い分けられていることに留意する必要がある。一つはカーストとしての司祭者バラモンで、もう一つは、カーストとは関係なく、行い清き人（「ブラフマ・チャリヤー」）である。後者は戒律を守り、禁欲し、節制した生活を送ること、またその人を指す。漢訳仏典では「ブラフマ」が「梵《ぼん》」と音写され、「チャリヤー」が「行《ぎょう》」と意訳され、「梵行《ぼんぎょう》」と呼ばれる。それゆえにバラモンが全員「行い清き人」というわけではない。ゴータマ・ブッダは、人の生まれではなく、行いを重視した点で、インド思想史上画期的である。このことは『スッタニパータ』（ことに第三章「九　青年ヴァーセッタ」）でも明確に主張されている。

信仰と、戒めと、努力と、精神統一と、真理の探求によって、叡智と修養を完成し、思念をこらし、この少なからぬ苦しみを超越せよ。

145 灌漑技師は水を導き、矢師は矢を作り、大工は木を製材し、慎み深い人は自己を修養する。[47]

47

80偈では、「慎み深い人」が「賢者」となっているだけで、他は同文。

第十一章　老い

146 この世は燃え盛っているのに、[48]どうして笑い、喜んでいられるのか。
闇の中にありながら、どうして灯明を求めないのか。

147 見よ、着飾った身体《からだ》を。もろもろの物質の集合体に過ぎず、
傷つき、病み、欲望に駆られ、けっして永続しない。

148 この身体は衰え、病の巣となり、脆《もろ》くも滅びる。
汚れた身体は朽ち果て、命あるものは死に帰着する。

149 秋に捨てられて散らばった瓢簞《ひょうたん》のように、
鳩の羽根のような色をした人骨を目にして、どうして喜んでいられるか。

150　骨格が肉と血で覆われた身体には、
老いと死と驕《おご》りと欺瞞《ぎまん》が潜んでいる。

151　いとも麗《うるわ》しい国王の乗り物も朽ち、身体もまた老いる。
徳ある人の理《ことわり》は老いることなく、徳ある人たちは互いに理を説きあう。

152　無知な人は牛のように老いる。
肉体は成長するが、叡智は増えない。

153　私は[49]幾多の生涯にわたって、輪廻の原因がわからないまま、
安らぐことなく生死をさまよってきた。生死をくりかえすのは苦しい。

48　家が火事でいつ焼け落ちてしまうかも知れないように、命もいつ尽きてしまうかわからないという意味で、無常の譬《たと》え。苦悩が絶えることがないことを指す「三界火宅《さんがいかたく》」とは異なる。

49　ゴータマ・ブッダの言葉が第一人称で残されており、『ダンマパダ』の編纂の初期段階が残されていると思われる。他にも四十ほどの偈に第一人称が見出せる。

154
ついに私は輪廻の正体を見抜いた。私はもはや輪廻することはない。
輪廻の梁《はり》[50]はすべて折れ、輪廻の棟《むね》は壊れた。
私の心は安らぎに向かい、執着は滅し尽くされた。

155
若い時に徳を積まず、行いが清くなかった人は、
魚のいない池にたたずむ白鷺のように痩せ衰える。

156
若い時に徳を積まず、行いが清くなかった人は、
折れた弓のように過去をかこちながら朽ちる。

50
輪廻が家に譬えられている。

第十二章　自己

157　自分を愛しく思うならば、自制せよ。賢者を目指すならば、人生三期[51]を通して自己を修養せよ。

158　先ず自制せよ。次いで他人《ひと》を教えよ。そうすれば、賢者は煩わされることがない。

159　他人に教えるとおりに自分でも実践すること。自制してこそ、他人を制御することができる。自制するのはじつに難しい。

160　自分こそが自分の主である。他人がどうして主でありえようか。自制したならば、得難き主を得る。[52]

161　鉱石が（自分から生まれた）ダイヤモンドに砕破されるように、無知な人は、自分の行いから生まれた悪によってうち砕かれる。[53]

162　性《たち》の悪い人は、蔓草《つるくさ》が沙羅《さら》[54]の木に巻き付いて枯らしてしまうように、自分自身に災いとなることを自ら行い自滅する。

163　善くないこと、自分のためにならないことはなしやすい。善いこと、自分のためになることはなし難い。

51　古代インドでは、人生を学生期《がくしょうき》（少年期）、家住期《かじゅうき》（壮年期）、林住期《りんじゅうき》（老年期）の三期に分けていた。ただし、学生期（＝梵行期《ぼんぎょうき》）・家住期（＝家長期《かちょうき》）・林住期・遊行期《ゆぎょうき》の四住期《しじゅうき》とするほうがより一般的である。

52　380偈と同趣意。

53　240偈と同趣意。

54　パーリ語「サーラ」の音写。インド原産の常緑高木。日本でいう沙羅は、ナツツバキのことで、これは別種である。

164 ブッダの教えと理《ことわり》に従う聖者を理解せず、罵《ののし》る愚者は、
カッタカ竹[55]が実を結ぶと枯れるように、悪の報いが熟すと滅びる。

165 自ら悪をなせば、自ら汚れ、自ら悪を慎めば、自ら浄まる。
汚れるのも、浄まるのも、自分の行い次第であり、人は他人を浄めることはできない。

166 他人にとって大切なことのためであれ、そのために自分の義務をおろそかにしてはならない。
自分にとって大切なことを熟知して、自分の義務に専念せよ。

55 葦《あし》に似た竹の一種。

第十三章　世の中

167　怠りなまけず、下劣な手段になじまず、
邪《よこしま》な見解を抱かず、世俗のことに執着するな。

168　怠りなまけず、奮い立ち、よく理《ことわり》に従え。
理に従う人は、この世でもあの世でも安らかである。

169　理に従い、理から外れるな。
理に従う人は、この世でもあの世でも安らかである。

170　世の中は泡沫《うたかた》やかげろうのようなものである。
世の中をこのように見なす人は、ヤマの目に留まらない。[56]

171　この世の中を見よ。王の乗り物のように美麗である。
愚者はそこに耽溺《たんでき》するが、賢者はそこに執着しない。

172　今まで怠りなまけていた人も、今から勤《いそ》しみ励めば、
雲間の月のように世の中を照らす。

173　悪い行いをした人でも、善い行いでつぐなえば、
雲間の月のように世の中を照らす。

174　世間の人たちは暗愚であり、ものごとがはっきりと見えている人は少ない。
網から逃れる鳥が少ないように、天に到る人は少ない。

175　白鳥は空を飛び、修行者は虚空を行く。
心ある人は悪魔とその軍勢にうち勝ち、この世界を超越する。

56　46偈の「ヤマの手が届かない」も同趣意。

176　一つでも理を逸脱し、偽りを語り、来世を無視する人、彼がなさない悪はない。

177　物惜しみする人は神々の世界に赴《おもむ》かない。愚者は施しを称えないが、賢者は施しを楽しみ、来世には幸せになる。

178　大地の唯一の支配者となるよりも、天に到るよりも、全世界の主権者となるよりも、安らぎへの第一歩のほうが優れている。

第十四章　ブッダ

179　誰も凌駕《りょうが》できず、達成することができない勝利を収め、無限の境地に達し、足跡もないブッダをいかにしてたどり得ようか。[57]

180　網のようにからみつく執着も渇望もなく、無限の境地に達し、足跡もないブッダをいかにしてたどり得ようか。

181　目覚めに到り、思慮深く、瞑想に専念し、執着を離れ、静けさを楽しむ人、神々さえも彼を羨む。

182　人間に生まれることは得難く、死すべき命を生きるのは難しい。

57　92偈の注参照。

正しい教えを聴く機会は稀で、ブッダの出現したまうことも稀である。

183 自分の心を浄め、もろもろの悪しきことをなさず、
もろもろの善いことを行う。これがもろもろのブッダの教えである。[58]

184 修行の中で、忍耐が最高であり、境地の中で安らぎが最高である、とブッダは説きたまう。
他人《ひと》に暴力を振るう人は出家修行者ではなく、他人を傷つける人は修養に励む人ではない。

185 罵《ののし》らず、暴力を振るわず、戒めによって自制し、食事は慎《つつ》ましく、
独り静かに坐し、心の修養に励む。これがもろもろのブッダの教えである。

186 貨幣の雨をもってしても、官能的欲望は満たされない。
「官能的快楽は苦く、苦痛である」と知る人は賢者である。

187 目覚めた人の弟子は天上の快楽さえも楽しまず、
渇望の消滅を楽しむ。

188 人々は恐怖にかられ、山、林、園、樹木、霊樹など、
さまざまなものに頼ろうとする。

189 それらは安全ではなく、最上の拠り所ではない。
それらに頼っても、もろもろの苦しみから逃れられない。

190 ブッダ〔仏〕、ダンマ〔法〕、サンガ〔僧〕を拠り所とする人[59]は、

58　この偈は、過去に出現したもろもろのブッダも教えたということから、一般に「七仏通誡《しちぶつつうかい》偈《げ》」と呼ばれる。漢訳では、「諸悪莫作《しょあくまくさ》、諸善奉行《しょぜんぶぎょう》（あるいは衆善奉行《しゅぜんぶぎょう》）、自浄其意《じじょうごい》、是諸《ぜしょ》仏教《ぶっきょう》」であり、ブッダの教えはすべて、この四句に集約される。パーリ語原典でもこの順序であるが、訳文では心の先行性（1偈参照）を考慮して順序を変え、第三句を冒頭にした。

59　ブッダ〔仏〕、ダンマ〔法〕、サンガ〔僧〕は、三宝《さんぼう》と総称され、仏教の標識である。三宝に帰依し、それを拠り所とする人が、仏教徒である。

正しい叡智をもって四つの真理[60]を見る。

191 すなわち、苦しみ（の本質）と、苦しみの生起と、苦しみの消滅と、
苦しみの消滅に到る八支の道[61]とを見る。

192 これこそは安全で、最上の拠り所である。
これを拠り所にすれば、あらゆる苦悩から逃れられる。

193 叡智の人〔ブッダ〕は見出し難く、どこにでも生まれるものではない。
思慮深い人〔ブッダ〕の生まれるところは幸福に栄える。

194 ブッダが出現するのは楽しく、正しい教えが説かれるのは楽しく、
教えに従う人々が集うのは楽しく、集った人々が修養に励むのは楽しい。

195 虚しい論議を超え、憂いと悲しみを乗り越え、
何ものをも恐れず、安らいだ人は崇拝に値する。

196 ブッダとその弟子たちを崇拝する功徳の大きさは、
誰も計ることができない。

---

60 漢訳仏典では四聖諦《ししょうたい》。①苦しみの真理（苦諦《くたい》）、②苦しみの生起の真理（集諦《じったい》）、③苦しみの消滅の真理（滅諦《めったい》）、④苦しみの消滅に到る道の真理（道諦《どうたい》）。

61 漢訳仏典では八正道《はっしょうどう》、あるいは八聖道《はっしょうどう》。①正しい見解（正見《しょうけん》）、②正しい思い（正思《しょうし》）、③正しい言葉（正語《しょうご》）、④正しい行い（正業《しょうぎょう》）、⑤正しい生活（正命《しょうみょう》）、⑥正しい努力（正《しょう》精進《しょうじん》）、⑦正しい注意（正念《しょうねん》）、⑧正しい精神統一（正定《しょうじょう》）。

第十五章　幸せ

197 怨《うら》みを抱く人たちの中にあって、私たちは怨みを抱かずに生きよう。
怨みを抱く人たちの中にあって、私たちは怨みを抱かず幸せに生きよう。

198 悩める人たちの中にあって、私たちは悩まずに生きよう。
悩める人たちの中にあって、私たちは悩まず幸せに生きよう。

199 貪《むさぼ》る人たちの中にあって、私たちは貪らずに生きよう。
貪る人たちの中にあって、私たちは貪らずに幸せに生きよう。

200 光り輝く神々のように、私たちは喜びを糧に生きよう。
何も所有することなく、私たちは幸せに生きよう。

201　勝者は怨みを買い、敗者は苦しみを味わう。
勝敗を捨てた人は安らかで幸せである。

202　貪欲《とんよく》にまさる火はなく、怒りにまさる不運はなく、
物質の集合体（肉体的存在）にまさる苦しみはなく、平安の境地にまさる幸せはない。[62]

203　飢えは最大の病であり、物質の集合体は最大の苦しみである。
このことを如実に知る人は平安の境地という最高の幸せを味わう。

204　健康は最高の財であり、充足は最高の富であり、
信頼できる人は最高の友であり、安らぎは最高の幸せである。

205　独居の味、静寂の味を知ったならば、

62　ここでは三毒の内の貪欲と怒りが火と不運に譬《たと》えられているが、251偈では加えて迷妄《めいもう》が網に譬えられている。

恐れも、汚れもなく、真理の喜びを味わう。

206 もろもろの聖者に会うのは善いことであり、彼らと共に住むのはつねに楽しい。愚者に交わらなければ、いつも幸せである。

207 愚者を伴に歩む人は、長い道のりを憂う。愚者と共に住むのは、敵と一緒に住むようにつらい。賢者と共に住むのは、親族に出会うように楽しい。

208 あたかも、月が星座を追って運行するように、意志が固く、知性があり、学識があり、忍耐づよく、誠実で、気高く、立派な人を追い求めよ。

第十六章　愛しきもの

209 すべきことを行わず、すべきではないことを行い、目的を捨て、快楽に執着する人は、目的に向かって進む人を羨む。

210 愛しい人とも、愛しくない人とも交わるな。愛しい人と別れるのは苦しく、愛しくない人に会うのは苦しい。[63]

63　この行は、伝統的にいわれる「四苦八苦」の内の「愛別離苦《あいべつりく》」（愛しい人と別れる苦しみ）と「怨憎会苦《おんぞうえく》」（怨《うら》み憎《にく》む人と会う苦しみ）の二苦に相当する。「愛しい人と交わるな」というのは、一見非情に映り、そう誤解されることが多い。しかし、以下の一連の偈からわかるように、人を愛しむこと、愛しく思う人と交わることそのものの否定ではない。人は、愛しい人、快適なものにほぼ不可避的に執着し、そこから苦しみが生まれる。ブッダの意図したことは、この愛しさという人間的な感情に内在する「執着」の危険性への警告である。

211 愛しい人をつくるな。愛しい人を失うのはつらいから。
愛しい人も、愛しくない人も、どちらも持たない人にはしがらみがない。

212 愛しさから憂いが生じ、愛しさから恐れが生じる。
愛しさを離れれば、憂いも恐れも生じない。

213 情愛から憂いが生じ、情愛から恐れが生じる。
情愛を離れれば、憂いも恐れも生じない。

214 快楽から憂いが生じ、快楽から恐れが生じる。
快楽を離れれば、憂いも恐れも生じない。

215 欲情から憂いが生じ、欲情から恐れが生じる。
欲情を離れれば、憂いも恐れも生じない。

216 渇望から憂いが生じ、渇望から恐れが生じる。

渇望を離れれば、憂いも恐れも生じない。

217 戒めを守り、見識を具《そな》え、教えを実践し、真実を語り、自分のなすべきことを行う人は人から愛される。

218 言葉であらわせない境地〔ニッバーナ〕を志し、心は満ち足り、官能的快楽に囚われない人、彼は「激流を上る人」[64]と呼ばれる。

219 久しく旅に出ていた人が遠方から無事に帰って来たならば、親戚、友人、親友たちから祝福して迎え入れられる。

220 そのように、善い行いをした人がこの世からあの世に行ったならば、善い行いの果報によって迎え入れられる。

64 激流は欲望の譬《たと》え。25偈の注参照。修行者は、その激流によって下流に押し流されることなく、むしろ上流に上らなければならない。

第十七章　怒り

221 怒りと驕《おご》りとを取り除き、いかなる束縛をも超越せよ。
個人存在[65]に執着せず、所有欲をなくせば、苦しみがなくなる。

222 こみあげて来る怒りを、牛車を制御するように制御する人、
彼こそが「御者《ぎょしゃ》」であり、他の人はただ「手綱を持つ人」に過ぎない。

223 怒りには、怒りを捨てることによってうち勝ち、悪い行いには、善い行いによってうち勝ち、
物惜しみには、施しによってうち勝ち、虚言には、真実によってうち勝て。[66]

224 怒らないこと、請われたならば、少しなりとも施すこと、真実を語ること、
これら三つを実践すれば、あなたは神々のもとに到る。

225 生きものを殺《あや》めず、つねに自制する聖者は、
不死の境地に到り、憂うことがない。

226 つねに目醒めており、昼も夜も努め学び、
平安の境地を目指すならば、もろもろの汚れは消え失せる。

227 アトゥラよ、[67]これは古《いにしえ》からの真理であり、いまに始まったことではない。
沈黙する人も非難され、多く語る人も非難され、少ししか語らない人も非難される。
世に非難されない人はいない。

---

65 パーリ語・サンスクリット語の「ナーマ・ルーパ」で、漢訳仏典では「名色《みょうしき》」と訳される。「意識を宿す有機体」を指す。

66 5偈と同趣意。

67 ゴータマ・ブッダの弟子の一人。一般的に仏教経典の冒頭には、ブッダがどういう状況で、誰に対して説法したかという状況設定があるが、『ダンマパダ』ではそれが省かれており、ブッダの教えだけが集められている。その中で、これは唯一の例外であり興味深い。

228 ただ非難されるだけの人、ただ称讃されるだけの人、そんな人は、過去にもいなかったし、未来にもいないだろうし、現在もいない。

229 しかし、識者が日に日に観察して「この人は賢明であり、行いに欠点がなく、叡智と徳とを身に具えている」といって称讃する人がいれば、

230 誰が彼を非難し得るだろうか。彼はジャンブー川産[68]の金貨のようなものである。神々も、ブラフマー神でさえも彼を称讃する。

231 身体《からだ》を自制し、身体の衝動を静め、身体による悪い行いを捨て、身体による善い行いをなせ。[69]

232 言葉を自制し、言葉のいらだちを静め、言葉による悪い行いを捨て、言葉による善い行いをなせ。

233 心を自制し、心のいらだちを静め、
心による悪い行いを捨て、心による善い行いをなせ。

234 賢者は身体を自制し、言葉を自制し、心を自制する。
じつに賢者はよく自制している。

---

68 良質の金が採れるとされる神話的な川。
69 234偈までの四偈は、身口意《しんくい》の三業《さんごう》（96偈の注参照）の自制を説いている。281偈と同趣意。

第十八章　汚れ

235　あなたはいまや枯葉のようなものである。閻魔《えんま》王の獄卒《ごくそつ》があなたを待ち構えている。死出の門出に立ちながら、旅路の資糧《かて》もない。

236　それゆえに、自己を拠り所とせよ。勤《いそ》しみ励み、賢明であれ。汚れを除き、罪過がなければ、天の尊いところに到るであろう。

237　あなたの生涯は終わりに近づいた。あなたは閻魔王のもとに赴《おもむ》く。あなたには、旅路で憩う宿もなく、資糧もない。

238　それゆえに、自己を拠り所とせよ。勤しみ励み、賢明であれ。汚れが除かれ、過ちがなければ、もはや老いることもなく、生まれ変わることもない。

239　銀細工師が銀の不純物を取り除くように、
賢者は順次、少しずつ、刹那刹那に、自分の汚れを取り除く。

240　鉄から生まれ出た錆が鉄を蝕《むしば》むように、
自分がなした悪い行いは自分を悪しきところ〔地獄〕に導く。[70]

241　聖典は読誦しなければ朽ち、家屋は修理しなければ朽ち、
容色は手入れしなければ朽ち、修行は勤しみ励まなければ朽ちる。

242　不品行は婦女の汚れであり、物惜しみは布施する人の汚れである。
悪しき行いはこの世においても、あの世においても汚れである。

243　迷妄《めいもう》こそは、いかなる汚れにもまさる最大の汚れである。

70　161偈と同趣意。

出家修行者よ、この汚れを取り除き、汚れなき人となれ。

244 恥を知らず、カラスのように厚かましく、
図々しく、高慢に、汚れて生きるのは易しい。

245 恥を知り、つねに純粋に、執着することなく、
慎み深く、真理を見つめて、清く生きるのは難しい。

246 生きものを殺《あや》め、偽りを言い、
与えられていない物を奪い、他人《ひと》の妻と交わり、

247 酒に溺れる人、彼はこの世において、
自らの行いによって、自らの礎を掘りくずす。[71]

248 貪欲《とんよく》と不正によって長いあいだ苦しむことがないように、
「慎みがないのは悪いことである」と知るがよい。

249 施しは、信仰に基づき、清らかな心でなされる。
施された食べ物や飲み物に不平を言う人は、昼も夜も心安らかでない。

250 不平の思いを抱かず、その根を絶ったなら、
昼も夜も、心安らかである。

251 貪欲にひとしい火はなく、怒りにひとしい不運はなく、
迷妄にひとしい網はなく、渇望にひとしい川はない。[72]

252 他人の過失は目に留まりやすく、自分の過失は目に留まりにくい。
あたかも、狡猾《こうかつ》な賭博師が、自分に不利なサイコロの目を隠すように、

71　この二偈は、仏教の基本的な戒めである五戒（不殺生《ふせっしょう》、不偸盗《ふちゅうとう》、不邪淫《ふじゃいん》、不妄語《ふもうご》、不飲《ふおん》酒《じゅ》）を破ることが破滅的行いであることを指している。

72　三毒を形容している。三毒に関しては20偈の注参照。

他人の過失は仔細もらさず暴《あば》くいっぽうで、自分の過失は隠してしまう。

253 つねに他人の粗《あら》を探し、非難しようとする人は、心の汚れが増し、消滅することはない。

254 虚空には道がないように、この世界ではブッダの教え以外に、真の修養の道はない。世間の人たちは官能的世界に喜びを見出すが、ブッダ[73]はそうした世俗の汚れを楽しまない。

255 虚空には道がないように、この世界ではブッダの教え以外には、真の修養の道はない。条件付けられたもの[74]は永遠ではなく移ろいゆくが、目覚めた人は、動揺することがない。

73　原文では「タターガタ」で、漢訳仏典では「如来《にょらい》」と訳される。「このように（平安の境地に）到った人」「このように（『目覚め』の状態に）ある人」という意味で、ブッダの呼称の一つ。

74　パーリ語「サンカーラー」（サンスクリット語「サンスカーラー」）で、漢訳仏典では「行《ぎょう》」と訳され、「諸行《しょぎょう》無常《むじょう》」という熟語でよく知られている。「条件付けられている」とは、世界のすべてのものごとは、それ自体が単独で存在することなく、互いに依存しあっている（「縁起」）ことを指す仏教の存在論である。すべてが他のものに条件付けられている以上、ものごとにはそれ自体の特性がなく（「無我」）、それゆえにものごとは思い通りにならず（「苦」）、絶えず移ろいゆくもの（「無常」）であるという仏教の基本的立場はすべてここから導き出される。277、278偈により詳しく述べられている。

第十九章　理《ことわり》に従う人

256　ものごとを手際よく処理するからといって、理に従う人ではない。義と不義とを賢明に見きわめる人が、理に従う人である。

257　急がず、公平に、公正に他人《ひと》を導く人は、理に従う人であり、賢者と呼ばれる。

258　多くを語るからといって、賢者なのではない。心おだやかに、怨《うら》むことなく、恐れることのない人、彼こそ賢者と呼ばれる。

259　多くを語るからといって、教えを理解した人ではない。聴いた教えが少なくても、それを体得し、理から外れることのない人、彼こそ道を実践する人である。

260　髪が白くなったからといって、長老の名に値するわけではない。齢《よわい》を重ねただけなら、空しく老いた人に過ぎない。

261　誠実で、徳があり、生きものを殺《あや》めることなく、慎んで、自制し、汚れを除いた賢者、彼こそ長老と呼ばれる。

262　妬《ねた》み深く、物惜しみし、狡猾《こうかつ》な人は、饒舌《じょうぜつ》で容姿端麗でも、立派な人ではない。

263　否定的な感情が根絶され、取り除かれた、聡明な人、彼こそ立派な人と呼ばれる。

264　剃髪《ていはつ》していても、戒めを守らず、偽りを語る人は、修養に励む人ではない。欲望と貪欲《とんよく》に満ちている人が、どうして修養に励む人であろうか。

265 大小すべての悪を鎮めた人は、
もろもろの悪を鎮め滅ぼした[75]がゆえに、修養に励む人と呼ばれる。

266 托鉢して乞食《こつじき》するからといって、出家修行者[76]なのではない。
あらゆる教えを乞い受けてこそ、出家修行者である。

267 この世の福楽も罪悪も捨てさって、行いが清らかで、
よく思索して生活する人、彼こそ出家修行者と呼ばれる。

268 沈黙しているからといって、愚かで無知なら、聖者[77]ではない。
天秤にかけるようにして、善きものを取り、

269 悪しきものを除く人が聖者である。
この世の善悪をよく見きわめる人が聖者と呼ばれる。

270 生きものを傷つける人は聖者ではない。

生きとし生けるものを傷つけない人が聖者と呼ばれる。

271 ただ戒めや誓いを守り、多くを学び、瞑想し、人里離れて独りで住まうことだけでは得られない、

272 普通の人の味わいえない出家修行の楽しみを、私は味わった。出家修行者よ、汚れを除き尽くすまで、気を緩めてはならない。

---

75 「鎮め滅ぼした」のパーリ語は sameti で、語頭の sam- を、samaṇa「修養に励む人」の語頭の sam- にかけた語呂遊び的説明。

76 乞食と出家修行者との関係は31偈の注参照。

77 「聖者」と訳したパーリ語・サンスクリット語「ムニ」には、元来は「沈黙の行を修する人」という意味合いがある。49偈の注参照。

第二十章　道

273　道の中では八支の道[78]が、真理の中では四つの真理[79]が、徳の中では情欲の消滅が、人の中では眼ある人[80]が最も優れている。

274　真理を洞察する道、それはこの道であり、他にはない。この道を歩め。これこそ悪魔を挫《くじ》く道である。

275　この道を歩むならば、苦しみをなくすことができる。毒矢を抜く方法を知って、私〔ゴータマ・ブッダ〕[81]はこの道を説く。

276　勤《いそ》しみ励め。修行を完成した人〔ゴータマ・ブッダ〕は、ただ道を説くだけである。[82]この道を歩み、心を修養する人は、悪魔の束縛からのがれる。

277「条件付けられたものはすべて、無常である」[83]と、
叡智によって理解したならば、苦しみはなくなる。
これが清浄に到る道である。

278「条件付けられたものはすべて、苦しみである」と、
叡智によって理解したならば、苦しみはなくなる。
これが清浄の境地に到る道である。

78　191偈の注参照。

79　190・191偈の注参照。

80「真理を見る眼のある人」の意で、ブッダを指す。

81　153偈の注参照。

82　ブッダは、一般的な意味での「救済者」ではなく、ブッダに「救い」を求めることはできない。ブッダはただ単に、誰にでも開かれ、誰にでも実践できる、「救い」に到る道を説くだけである。ブッダは、この意味においてのみ「救済者」と言える。仏教は、第一義的に、そして究極的に、実践の教えである。

279「もろもろのこと〔ダンマ〕はすべて、我ならざるものである」と、
叡智によって理解したならば、苦しみはなくなる。
これが清浄の境地に到る道である。

280 努力すべき時に努力せず、若くて活力がある時に怠け、
意志弱く、思考せず、怠惰な人は、叡智に到る道を見出すことがない。

281 心を修養し、言葉を慎み、身体《からだ》で悪い行いをなしてはならない。
身《しん》口《く》意《い》三つの行いを浄め、聖者が説かれた道を歩め。[84]

282 修養すれば、叡智が生まれ、修養しなければ、叡智は消える。
叡智の生起と消滅の二つの過程を知り、叡智を得るために修養せよ。

283 欲情の樹ではなく、林を刈れ。危険は林から生じる。
林と下草を刈り、欲情を離れよ、出家修行者よ。

284 僅かでも男の女に対する情欲が残っているあいだは、心は、母牛を恋い慕う子牛のように束縛されている。

285 秋に水面の蓮の花を手で摘み採るように、自己への愛執を断ち切れ。ブッダが説かれた平安の境地に到る道を歩め。

83　続く278、279偈との三偈は、パーリ語で「ティ・ラカナ〔三標徴〕」と総称される。漢訳すれば、①諸行無常《しょぎょうむじょう》、②諸行皆苦《しょぎょうかいく》、③諸法無我《しょほうむが》となるであろう。「ティ・ラカナ」はパーリ語仏典にのみ見られるもので、漢訳仏典にはない。類似したものとしては三法印《さんぼういん》と四法印《しほういん》があるが、微妙に異なっている。三法印は、①諸行無常、②諸法無我、③涅槃寂静《ねはんじゃくじょう》で、ティ・ラカナの諸行皆苦がなくなり、涅槃寂静が入っている。四法印は①諸行無常、②一切皆苦、③諸法無我、④涅槃寂静であるが、一切皆苦は厳密には「一切行苦」とあるべきである。いずれにせよ、法印〔ダルマ・ムドゥラー〕は後の時代のサンスクリット語での新造語で、三法印・四法印という総括はサンスクリット語・漢訳仏典特有のものであり、パーリ語仏典にはない。

84　身口意を自制することの重要性を説いており、231、232、233、234の四偈と同趣意。

286 「私は雨季にはここに留まろう。冬と夏にはあそこに赴《おもむ》こう」[85]と、
気を奪われる愚者は、迫り来る死に気がつかない。

287 眠っている村が大洪水に押し流されるように、[86]
子供や家畜のことに気を奪われ、心が囚われている人は、死にさらわれる。

288[87] 子供も、父親も、親戚も、親族といえども、
死神に捉えられた人を救えない。

289 心ある人はこの理《ことわり》を知り、戒めを守り、
平安の境地に到る道をすみやかに整えよ。

85 初期の仏教教団は、雨季のあいだだけ一カ所に留まったが、その他の季節は各地を巡り歩いた。
86 47偈にも同様な表現がある。
87 『スッタニパータ』579偈と類似。

第二十一章　さまざまなこと

290　小さな快楽を捨てることによって、大きな幸せを見つけることができるなら、
賢者は小さな快楽を捨てて、大きな幸せを追求する。

291　他人《ひと》を苦しめることによって、自分の快楽を求める人は、
憎しみの絆にからまれ、憎しみから逃れられない。

292　なすべきことをなさず、なすべからざることをなし、
傲慢《ごうまん》にして、怠惰な人には汚れが増す。

293　つねに身体《からだ》の本性を思索し、なすべからざることをなさず、
なすべきことをなし、注意深く、思慮深い人には汚れがなくなる。

294　渇望と傲慢、永遠主義と刹那主義、感覚器官とその対象、
執着と貪《むさぼ》り[88]とを滅ぼした行い清き人は汚れることなく進む。

295　渇望と傲慢、永遠主義と刹那主義、[89]
五つの障碍《しょうげ》[90]を滅ぼした行い清き人は汚れることなく進む。

296　ゴータマ・ブッダ[91]の弟子はいつも意識の醒めた状態[92]にあり、
昼も夜もつねにブッダ〔仏〕を念じている。[93]

88　「渇望と傲慢」、「永遠主義と刹那主義」、「感覚器官とその対象」、「執着と貪り」は、パーリ語原典ではそれぞれ「母・父」、「クシャトリヤ〔武士階級〕の二王」、「国土」、「従臣」という普通名詞が用いられているが、それらが寓意的に意味するところのものを訳語とした。次の295偈、さらに398偈でも、同じく寓意という修辞的技法が用いられている。

89　原文では「クシャトリヤ〔武士階級〕の二王」が「バラモン〔司祭階級〕の二王」に代わっているが、意味していることは直前の294偈と同じである。

90　原文では「虎を第五番目とするもの」とある。詳細は不明だが、「疑い」をはじめとする修養の妨げとなる五つ。

297 ゴータマ・ブッダの弟子はいつも意識の醒めた状態にあり、
昼も夜もつねにダンマ〔法〕を念じている。

298 ゴータマ・ブッダの弟子はいつも意識の醒めた状態にあり、
昼も夜もつねにサンガ〔僧〕を念じている。

299 ゴータマ・ブッダの弟子はいつも意識の醒めた状態にあり、
昼も夜もつねに行いに気をつけている。

300 ゴータマ・ブッダの弟子はいつも意識の醒めた状態にあり、
昼も夜もつねに不殺生《ふせっしょう》を楽しんでいる。

301 ゴータマ・ブッダの弟子はいつも意識の醒めた状態にあり、
昼も夜もつねに修養を楽しんでいる。

302　出家者の生活は困難であり、それを楽しむことは難しい。
在家者の生活も困難であり、それを営むのは難しい。
思いを同じくしない人たちと生活を共にするのは難しい。
輪廻の旅を続ける限り苦しみを味わう。
それゆえに、輪廻の旅を終え、苦しみのない境地に到れ。

303　信仰があり、自制し、名声と繁栄を享受している人は、
どこに赴《おもむ》こうとも敬われる。

91　ブッダは、「目覚めた人」という一般名詞である。それゆえに仏教の開祖を指す場合には、彼の姓ゴータマを冠して、ゴータマ・ブッダと呼ぶ。
92　原文は「パブッジャンティ」。漢訳仏典で「念」と訳される「サティ」と同義語。「サティ」は現在では日本語に訳されずに、「マインドフルネス」という英語のカタカナ表記で用いられることが多い。これは、身体の活動、感覚、心の動き、思考をはっきりと意識し、つねに気をつけ、注意することである。
93　続く297偈、298偈との三偈で、仏法僧の三宝《さんぼう》を念じること。

304
善い人は遠くにいても、高い雪山のように輝く。
善くない人は近くにいても、暗闇に放たれた矢のように目に留まらない。

305
独り坐し、独り休み、独り歩み、怠ることなく、自制する人は、
林の中での孤独を楽しむ。

第二十二章　地獄

306 偽りを語る人、自分でしておきながら「私はしませんでした」と言う人、両者ともに行いが下劣であり、死後には地獄に落ちる。

307 僧衣を纏《まと》っていても、行いが悪く、慎みのない人が多い。彼らは、悪い行いによって地獄に落ちる。

308 戒めを守らず、自制しない僧侶は、施しの食を受けるより、火炎のように熱した鉄の塊を食らうほうがふさわしい。

309 放逸で、他人《ひと》の妻と交わる男は、四つのことに遭遇する。不運な目に遭い、安眠できず、非難され、地獄に落ちる。

310 不運な目に遭い、地獄に落ち、男も相手の女も共に怯《おび》え、楽しみは少なく、刑罰は重い。
それゆえに男は他人《ひと》の妻と交わるべからず。

311 茅の葉も、摑み方を誤ると、掌を切るように、修養に励む人も、行いを誤ると、地獄に落ちる。

312 規律を守らず、誓いを破り、独身戒の遵守すら疑わしい人は、大きな成果は得られない。

313 なすべきことは決然となせ。規律を守らない修行者は欲望の塵《ちり》をまき散らすだけである。

314 悪い行いをするよりは、何もしないほうがよい。悪い行いは、後悔する。善い行いは、したほうがよい。善い行いは、後悔することがない。

315 辺境の都市が完全に防御されているように、自己を護れ。一瞬たりとも空しく過ごすな。さもなければ地獄に落ちて、後悔する。

316 恥ずべきではないことを恥じ、恥ずべきことを恥じず、誤った見解を抱く人は地獄に落ちる。

317 恐れるべきではないことを恐れ、恐れるべきことを恐れず、誤った見解を抱く人は地獄に落ちる。

318 避けるべきではないことを避け、避けるべきことを避けず、誤った見解を抱く人は地獄に落ちる。

319 避けるべきことを避け、避けるべきではないことを避けず、正しい見解を抱く人は天上に赴《おもむ》く。

第二十三章　象にちなんで[94]

320 戦場の象が矢に射られても堪え忍ぶように、他人の誹《そし》りを堪え忍ぼう。性悪な人は多いから。

321 調教された象は戦場で王の乗り物となる。自己を修養し、他人の誹りを堪え忍ぶ人は人の中で最上である。

322 調教されたロバは良く、インダス川流域の血統よき馬も良く、牙のある大きな象も良い。自己を修養した人はそれらにまさる。

323 これらの乗り物では未到の地〔ニッバーナ〕に到ることができない。しかし自己を修養した人は、調教した自分の心でそこに到る。

324 ダナパーラ[95]という名の象は発情期には制御し難い。
捕獲されても、一片の食物も口にせず、（親象のいる）林を慕う。

325 怠惰にして、大食いで、眠りこける人は、
餌を食べて肥えた豚のように生死を繰り返す。

326 心は、今までは望むがままに、欲するがままに、気のむくがままにさすらって
いた。
私はその心を、象使いが発情期に狂う象を棒で調教するように、制御しよう。

327 勤《いそ》しみ励むのを楽しみ、自分の心を護り、

---

94 最後の三（331、332、333）偈は、象にちなんでいない。他の文脈から追加・挿入されたのであろう。

95 「財を守る人」という意味。この偈は、親思いの象を譬《たと》えに、親孝行の大切さを子供たちに諭すために、ゴータマ・ブッダが詠んだとされる。

象がぬかるみから自力で抜け出るように、汚れた境遇から抜け出よ。

328 96 思慮深く、聡明な人を道連れに得たならば、あらゆる危険困難をものともせず、喜んで、注意深く、共に歩め。

329 97 思慮深く、聡明な人を道連れにできないならば、国を捨てた国王のように、林の中の象のように独り歩め。

330 98 愚者を道連れとせず、独りで歩いたほうがよい。悪をなさず、林の中の象のように寡欲に歩め。

331 必要な時に、仲間がいるのは楽しい。あるもので満足できるのは楽しい。命の終わる時に、生前なした善い行いは楽しい。苦しみのないことは楽しい。

332 母を敬うことは楽しい。また父を敬うことも楽しい。修養に励む人を敬うことは楽しい。行い清き人を敬うことも楽しい。

333　老いるまで戒めを保つことは楽しい。信仰を保つことは楽しい。
叡智を得ることは楽しい。悪い行いを慎むことは楽しい。

96　『スッタニパータ』45偈と類似。
97　『スッタニパータ』46偈と類似。
98　61偈および『スッタニパータ』47偈と類似。

第二十四章　渇望

334　放逸な人には渇望が蔓草《つるくさ》のように巻きつく。
彼は、森の中で果実を探し求める猿のように、あちこちさまよう。

335　執着の原因となる渇望にまみれた人には、
雨後にビーラナ草[99]がはびこるように、もろもろの憂いが増大する。

336　制圧し難い渇望にうち勝った人には、
水滴が蓮の葉から落ちるように、憂いは消え去る。

337　ここに集まったあなたたちに告げよう。あなたたちに幸あれ。
ウシーラ根[100]を求める人がビーラナ草を掘り出すように、渇望の根を掘り出せ。

奔流に押しつぶされる葦《あし》のように、悪魔に押しつぶされてはならない。

338　木を切り倒しても、頑強な根を断たなければ、木はふたたび伸びる。
渇望の根を断たなければ、苦しみはくりかえし生まれる。

339　官能的快楽に向かって流れる三十六の激流[101]は、
貪欲《とんよく》が源であり、誤った見解を抱く人を流しさる。

340　激流はいたるところに及び、蔓草が芽を出す。
蔓草の芽を見たら、叡智によってその根を断ち切れ。

341　官能的快楽は移ろい、人はそれに執着する。

99　香草で、学名は *Andropogon muricatus*。
100　ビーラナ草の根で、その香ばしいことで知られる。
101　「三十六」は具体的な実数ではなく「多くの」という意味であり、「激流」は「煩悩」を指す。「多くの心の汚れ」の意。

歓楽に耽り、快楽を求める人は、輪廻に流される。

342 渇望に駆り立てられた人は、罠にかかった兎のようにもがく。束縛と執着に囚われた人は、永いあいだくりかえし苦悩する。

343 渇望に駆り立てられた人は、罠にかかった兎のようにもがく。出家修行者は愛着から解き放たれるために、渇望をなくせ。

344 家族生活を捨て、森の生活に入り〔出家し〕、そこから再び家族生活に戻る人がいる。彼を見よ。束縛から脱しても、また束縛に戻る。

345 鉄、木材、麻紐でつくられた枷《かせ》は堅固な束縛ではない。思慮ある人は、宝石、装飾品、妻子への愛着を堅固な束縛と呼ぶ。

346 愛着は緩いようで、解き放ち難い枷である。

出家修行者は、それを断ち切り、何も求めず、官能的快楽を捨てて遊行する。

347　情欲に執着する人は、蜘蛛《くも》が自ら作った網に絡まれるように、激流に流される。思慮ある人は情欲を断ち切り、何も求めず、あらゆる苦しみを捨てて出家する。

348　過去も未来も現在も捨て、向こう岸に渡れ。心があらゆることから解き放たれた人は、もはや輪廻することはない。

349　邪《よこしま》な思いを抱き、情愛に流され快楽を求める人は、渇望がますます増大し、束縛が強くなる。

350　邪な思いを鎮め、不浄なものを見きわめ、つねに意識の醒めた状態を保つ人、彼は渇望をなくし、悪魔の束縛を断ち切る。

351　究極の目標に達し、恐れることなく、ものごとへの愛着がなく、汚れのない人、彼は渇望の毒矢を抜き取り、今生を最後として、もはや輪廻しない。

352 渇望を断ち切り、執着なく、聖典の語義に通じ、文章と文脈を知る人、
彼にはこれが最後の生であり、大いなる叡智ある偉大な人と呼ばれる。

353 私[102]はすべてにうち勝ち、すべてを知り、何ごとにも汚されず、
すべてを捨て、執着せず、解脱し、自ら目覚めた[103]。それゆえに、誰を師と呼ぼうか。

354 教えを説くことはすべての布施にまさり、教えの妙味はすべての味にまさり、
教えを聴くのはすべての楽しみにまさり、執着の消滅はすべての苦の消滅にまさる。

355 向こう岸に渡ろうとする人は、財産によって自分を滅ぼすことがない。
愚者は、財産への渇望によって自身をも、他人《ひと》をも滅ぼす。

356 田畑は雑草によって荒らされ、人は貪欲によって自分を滅ぼす。
貪欲を離れた人たちへの布施は大いなる果報をもたらす[104]。

357　田畑は雑草によって荒らされ、人は怒りによって自分を滅ぼす。
怒りを離れた人たちへの布施は、大いなる果報をもたらす。

358　田畑は雑草によって荒らされ、人は迷妄《めいもう》によって自分を滅ぼす。
迷妄を離れた人たちへの布施は、大いなる果報をもたらす。

359　田畑は雑草によって荒らされ、人は欲望によって自分を滅ぼす。
欲望を離れた人々への布施は、大いなる果報をもたらす。

102　153偈の注参照。

103　『スッタニパータ』211偈とほぼ同文。

104　続く357偈、358偈との三偈で、貪欲、怒り、迷妄の三毒を離れた人たちを指す。具体的にはサンガすなわち仏教教団であり、それに対する一般信者の布施の功徳を説いている。

第二十五章　出家修行者[105]

360　目を制御するのは善い。耳を制御するのは善い。
鼻を制御するのは善い。舌を制御するのは善い。

361　身体《からだ》を制御するのは善い。言葉を制御するのは善い。
心を制御するのは善い[106]。あらゆることを制御するのは善い。
すべてを制御した出家修行者は、すべての苦しみから逃れる。

362　手を制御し、足を制御し、言葉を制御し、最高に慎み、
内心に楽しみ、心を統一し、独りでいて、満ち足りた人が出家修行者と呼ばれる。

363　口を慎み、思慮して語り、高ぶることなく、
聖典とその意味を説明する出家修行者、彼の言葉は心地よい。

364　ダンマを喜び、ダンマを楽しみ、ダンマを思念し、
ダンマに従う出家修行者は、正しい理《ことわり》から外れることがない。

365　（托鉢で）受け取ったものを軽んじず、他人《ひと》の得たものを羨むな。
他人を羨む出家修行者は、心が安らぐことがない。

366　受け取ったものが少なくても、軽んじることなく、
怠らず、清く生きる出家修行者は、神々も称讃する。

367　個人存在[107]に執着せず、無一物《むいちもつ》でも憂うことのない人、
彼こそ出家修行者と呼ばれる。

105　31偈の注参照。
106　この二偈は、六感覚器官（7偈の注参照）、身口意《しんくい》の自制を説いている。
107　221偈の注参照。

368 慈しみの心に満ちて、ブッダの教えに専念する出家修行者は、感覚器官の作用の静まった安らぎと静けさの境地に到る。[108]

369 出家修行者よ、この舟〔身体《からだ》〕から水を汲み出せ。そうすれば、舟は軽やかに進む。人は、貪欲《とんよく》と怒りとを断てば、安らぎに赴《おもむ》く。

370 五束縛[109]を断ち、五束縛を捨て、五根を研ぎすまし、五執着を超えた出家修行者は「激流を渡った人」と呼ばれる。

371 出家修行者よ、瞑想せよ、怠りなまけるな。心を欲情の対象に向けるな。怠惰の灼熱の鉄の塊を呑み込み、焼かれて、「苦しい」と泣き叫ぶな。

372 叡智のない人に、精神集中は生まれず、精神集中のない人に、叡智は生まれない。精神集中と叡智が具《そな》わっている人は平安の境地に近い。

373 出家修行者が独りで住み、心を静め、
真理を正しく洞察するならば、世俗にはない楽しみが生まれる。

374 （「私」という概念の）諸構成要素の生起と消滅の過程を正しく観察すれば、
不死を知った人〔ブッダ〕の喜びと悦楽を体得する。

375 感覚器官に気をくばり、満足し、戒めを守ること、
これが叡智ある出家修行者の基礎である。

108　381偈と同趣意。

109　パーリ語原典にはただ「五」としか記されていないが、注釈書によってこう解釈した。五束縛が繰り返されているが、前者は三界《さんがい》のうち欲界《よっかい》、後者は色界《しきかい》と無色界《むしきかい》における各々五つの心の汚れを表している。続く「五根」は、修行者を解脱に向かわせる五つの働きで、一般的な五根（目耳鼻舌身）ではない。「五執着」は、解脱の妨げとなる五つの心の汚れ。

376 怠りなまけず、清らかに生きる善き人たちを友とせよ。
親切で、わかち合い、善い行いをなせ。
そうすれば、喜びに満ち、苦しみがなくなる。

377 ヴァッシキーの花[110]が萎《しな》びた花びらを捨て落とすように、
出家修行者よ、貪欲と怒りを捨て落とせ。

378 動作も、言葉も、心も静かで、よく精神を集中し、
官能的快楽を捨てさった出家修行者は「安らぎに帰した人」と呼ばれる。

379 自ら自己を励まし、自ら自己を省察せよ。
出家修行者よ、自己を護り、意識が醒めた状態[111]を保てば、安らかに生きられる。

380 自分こそは自分の主であり、自分こそは自分の拠り所である。
それゆえに隊商が良馬を飼い馴らすように、自制せよ。[112]

381 喜びに満ちて、ブッダの教えを確信する出家修行者は、
感覚器官の作用の静まった安らぎと静けさの境地に到る。[113]

382 歳若くともブッダの道に勤《いそ》しみ励む出家修行者は、
雲間の月のように世の中を照らす。

110 55偈の注参照。
111 パーリ語「サティ」。296偈の注92参照。
112 160偈と同趣意。
113 368偈と同趣意。

第二十六章　行い清き人[114]

383　行い清き人よ、勇気をもって欲望の流れを断ち、官能的快楽を捨てよ。条件付けられたものは消滅するものであると知れば、作られざるもの[115]を知るだろう。

384　サマタとヴィパッサナーの二つの瞑想[116]によって、向こう岸に渡った、行い清き人、彼は、ものごとをよく理解した人であり、すべての束縛は消え失せる。

385　向こう岸も、こちら岸もなく、向こう岸・こちら岸の区別もなく、恐れもなく、束縛もない人、私は彼を行い清き人と呼ぶ。

386　静かに思い、汚れなく、落ち着き、なすべきことをなし、心の汚れを除き、最高の目的を達成した人、私は彼を行い清き人と呼ぶ。

387　太陽は昼に輝き、月は夜に照り、武士は戦いに輝き、行い清き人は瞑想に輝く。ブッダは昼夜を問わず、つねに輝く。

388　悪を取り除いた人が、行い清き人と呼ばれ、行いが穏やかな人が、修養に励む人と呼ばれる。汚れを除いた人が出家者と呼ばれる。[117]

389　行い清き人を殴るな。行い清き人は、自分を撲《ぶ》った相手に腹を立てるな。行い清き人を撲つのは、恥ずべきであり、撲った相手に腹を立てるのは、さらに恥ず

114　142偈の注参照。

115　パーリ語「アカタ」は、「他のものから作られたもの」、「他のものに条件付けられたもの」を意味する「サンカーラー」(255偈の注参照)の反対語である。それゆえに、「何にも条件付けられていない絶対的なもの」を意味し、「ニッバーナ」を指す。

116　パーリ語原典にはただ「二つ」としか記されていないが、注釈書によって「二種類の瞑想」と解釈した。「サマタ」は心を対象に集中することで、漢訳仏典では「止」と訳される。「ヴィパッサナー」は対象をあるがままに観察することで、漢訳仏典では「観」と訳される。

べきである。

390 愛しきものに対する心を自制するのは、行い清き人として優れたことである。
他人《ひと》を傷つける心が止むにつれ、苦しみが静まる。

391 身体による、言葉による、心による悪い行いをなさず、
身口意の三つの行いを自制する人、私は彼を行い清き人と呼ぶ。

392 目覚めた人がお説きになった教えを教えてくれる人、
バラモンが祭祀の火を恭《うやうや》しく尊ぶように、彼を恭しく敬礼せよ。

393 螺髪《らほつ》[118]によって、氏姓によって、生まれによって、行い清き人なのではない。
理《ことわり》に従い、安らかな人、彼こそが行い清き人である。

394 愚者よ、螺髪を結って、かもしかの皮[119]を纏《まと》って何になるのか。
内に汚れを秘めて、外を飾るだけである。

395　糞掃衣《ふんぞうえ》[120]を纏い、痩せて、血管があらわれ、
独り林の中にあって瞑想する人、私は彼を行い清き人と呼ぶ。

396[121]　バラモン女性の胎《はら》から生まれ、バラモンを母に生まれた人を、

117　言葉遊び的側面が強い。悪を取り除いた人（bāhitapāpo）と行い清き人（brāhmaṇa）、行いが穏やかな人（samacaryā）と修養に励む人（samaṇa）、汚れを除いた人（pabbājayam）と出家者（pabbajita）。最初の二対は単なる語呂の類似からの通俗的語源解釈であるが、最後の対は、語源的に関連している。

118　ホラ貝の形に結んだ髪型で、苦行者の印。

119　当時の苦行者のいでたちの一つ。

120　糞掃（漢字音では fensao）は、ゴミを意味するパーリ語「パーンス（pāṁsu）」の音写である。「パーンス」は元来ゴミを意味するが、転じてゴミの中から拾い集めたボロ布、それを縫い合わせた衣服を指す。質素な生活を旨とした初期仏教の出家修行者は、こうした衣を纏った。

121　この偈から423偈までの二十八偈は、『スッタニパータ』620偈から647偈とほぼ同文。

私は、行い清き人とは呼ばない。
所有欲のあるバラモンは（人を見下して）「きみよ」と呼びかける。
無一物《むいちもつ》で、執着のない人、私は彼を行い清き人と呼ぶ。

397 すべての束縛を断ち切り、恐れることなく、
執着を超越して、囚われない人、私は彼を行い清き人と呼ぶ。

398 怒り、欲望、誤謬、汚れをともども断ち切り、
無知[122]を取り除き、目覚めた人、私は彼を行い清き人と呼ぶ。

399 罪がないのに罵《ののし》られ、なぐられ、拘禁されても堪え忍び、
心の猛き人、私は彼を行い清き人と呼ぶ。

400 怒ることなく、慎み深く、戒めを守り、欲深くなく、
自制し、この身体を最後にもはや輪廻しない人、私は彼を行い清き人と呼ぶ。

401 蓮の葉の上の露のように、針の先端の辛子の粒のように、
官能的快楽が身にへばりつかない人、私は彼を行い清き人と呼ぶ。

402 この世において自分の苦しみの消滅を知り、
重荷をおろし、囚われのない人、私は彼を行い清き人と呼ぶ。

403 洞察深く、聡明で、歩むべき道とそうでない道を分別し、
究極の目的を達成した人、私は彼を行い清き人と呼ぶ。

404 在家者とも出家者とも、いずれとも交わらず、
住まいを定めず遍歴し、寡欲な人、私は彼を行い清き人と呼ぶ。

---

122 パーリ語原文では「怒り」、「欲望」、「誤謬」、「汚れ」、「無知」は、それぞれ「紐」、「革帯」、「綱」、「その他の類するもの」、「門をとざす閂《かんぬき》」と寓意が用いられているが、294、295偈同様その意味のほうを訳語として採用した。

405　強きものも、弱きものも、命あるすべてのものに危害を加えず、殺さず、殺させない人、私は彼を行い清き人と呼ぶ。

406　敵意ある人たちの中にあって、敵意なく、暴力を振るう人たちの中にあって、おだやかで、執着する人たちの中にあって、執着しない人、私は彼を行い清き人と呼ぶ。

407　辛子の粒が針の先端から落ちるように、執着と悪意と、傲慢《ごうまん》と偽善が消え落ちた人、私は彼を行い清き人と呼ぶ。

408　粗野ならず、啓蒙的で、真実の言葉を話し、誰の気持ちも傷つけない人、私は彼を行い清き人と呼ぶ。

409　この世において、長短、大小[123]、高い安いにかかわらず、与えられていない物を奪わない人、私は彼を行い清き人と呼ぶ。

410 現世でも、来世でも、何も望むことなく、
欲求がなく、囚われのない人、私は彼を行い清き人と呼ぶ。

411 執着なく、ものごとを理解し尽くし、理《ことわり》を知り尽くして、疑惑なく、
不死の領域〔ニッバーナ〕に達した人、私は彼を行い清き人と呼ぶ。

412 この世の禍福のいずれにも執着することなく、
憂いなく、汚れなく、清らかな人、私は彼を行い清き人と呼ぶ。

413 雲間の月のように、清く、澄んで、濁りなく、
官能的快楽に生きることをやめた人、私は彼を行い清き人と呼ぶ。

414 この障害の多い険しい道、輪廻、迷妄《めいもう》を超え、

---

123 仏教の五戒の一つの不偸盗戒《ふちゅうとう》を指す。247偈の注参照。

向こう岸に渡って、瞑想し、動揺することなく、疑惑なく、執着することなく、安らかな人、私は彼を行い清き人と呼ぶ。

415　この世の愛欲を断ち切り、出家して遍歴し、愛欲に生きることをやめた人、私は彼を行い清き人と呼ぶ。

416　この世の愛執を断ち切り、出家して遍歴し、愛執に生きることをやめた人、私は彼を行い清き人と呼ぶ。

417　世の中の束縛を断ち、天界の束縛を超え、すべての束縛を離れた人、私は彼を行い清き人と呼ぶ。

418　快楽と不快とを捨て、冷静で、執着せず、全世界にうち勝った勇気ある人、私は彼を行い清き人と呼ぶ。

419　生きとし生けるものの生死を知り尽くし、

執着なく、幸あり、[124]目覚めた人、私は彼を行い清き人と呼ぶ。

420 神々もガンダルヴァ[125]も人間も、その行方を知り得ない人、
心の汚れを消し尽くしたまことの人、私は彼を行い清き人と呼ぶ。

421 過去にも、未来にも、現在にも、何物をも所有せず、
無一物で執着のない人、私は彼を行い清き人と呼ぶ。

422 牡牛のように雄々しく、気高く、勇猛な勝者、
欲望なく、汚れを洗い落とし、目覚めた人、私は彼を行い清き人と呼ぶ。

---

124 パーリ語「スガタ」で、漢訳仏典では「善逝《ぜんぜい》」と訳される。「タターガタ」（254偈の注参照）と同義語。「よく（平安の境地に）到った人」、「よく（『目覚め』の状態に）ある人」という意味で、ブッダの呼称の一つ。

125 105偈の注を参照。

423 前世を知り、天上と地獄とを見、なすべきことをなし終え、叡智を完成し、生存を滅ぼし尽くして、もはや輪廻しない聖者、私は彼を行い清き人と呼ぶ。

解説

今枝 由郎

『ダンマパダ』は、先に本文庫に収録された『スッタニパータ』と並んで、膨大な数にのぼる仏典すなわち「お経」の中で最も古く、全仏典中の珠玉の双璧である。正確な成立年時は特定できないが、遅くともブッダ（紀元前四八五年頃〜四〇五年頃）の没後百年から二百年ほどの間、すなわち紀元前三〜二世紀には成立していたと推定され、ブッダその人の思想の原型を最もよく伝えている。

双璧とはいえ、この二つの作品はかなり性格を異にしている。『スッタニパータ』すなわち『経集』は、そのタイトルから窺えるように、当時すでに成立していた（＝編纂されていた）数多くの経典の中から、よく知られていた重要なものを厳選して集めたものである。短い経典の場合は全文が、長いものの場合には、主要な箇所だけが抜粋されている。加えて、経典中に散在するブッダの中枢的な教えを、テーマごとに韻文の形でまとめたものもあり、全体として見ると、統一性がない。

一方の『ダンマパダ』は、経典のあちこちに散らばっているブッダの言葉、教えの中から、最も重要なものを選んで、すべてを韻文の形にまとめ、全体をテーマごとに二十六章に分けてある。中国の伝承では編纂者として法救《ほっぐ》（サンスクリット語ではDharmatrāta と復元できるであろう）の名前が挙げられるが、その確証はない。しかしながら、全体としてはかなり「編纂」の手が加わった、一つのまとまりがある作品である。

両者共に、すでに三世紀前半に中央アジア系の訳経僧支謙《しけん》（二世紀末から三世紀中頃）らによって前者は『仏説義足経』（ただし部分訳）として、後者は『法句経《ほっくきょう》』（伝統的には「ほっくぎょう」と濁音で読む）として漢訳された（ただし、これらの漢訳仏典の原本は、本文庫の訳出に用いたパーリ語版とはかなり異なったヴァージョンであり、内容的にもかなり隔たりがある）。しかしその後「大乗仏教」が主流となった中国仏教界では、この二経は「小乗仏教」のものとして顧みられず、ほとんど忘れ去られた存在でしかなかった。

中国仏教の流れを汲む日本仏教界でも同様で、『ダンマパダ』も『スッタニパータ』も長い間埋もれた存在であり、ようやく日の目を見るようになったのは二十世紀になってからである。『ダンマパダ』に関しては、一九三四年（昭和九年）に友松円諦《ともまつえんたい》（一八九五〜一九七三）が、NHKラジオで『法句経』を講義して、大反響を呼んでからである（この講義は同年に『法句経講義』と題して刊行され、現在は講談社学術文庫に収録されている）。

ところが西欧では全く事情が異なっている。西欧が仏教を一つの宗教として認識するようになったのは十九世紀中頃であるが、『ダンマパダ』と『スッタニパータ』はもっとも早くに翻訳・紹介された経典である。以後欧米の主要言語への訳は数十にのぼっており、仏教の伝播と理解に大きな貢献をなし、仏教の『聖書』とも呼ばれている。

いずれにせよ、二作品とも現段階で文献学的に遡りうる最古の仏典であり、ブッダ自身の言葉、考えを最も忠実に伝えるものである。しかしながら、体系的に論述されたものではなく、断片的な短い教えを集めたものであるがゆえに、今でも「仏教格言集」的なものと見なされ、「今日のことば」とか「一日一語」といった風に一偈一偈が単独で引用、紹介されることが多い。日本語訳者の一人中村元《はじめ》氏は、『ダンマパダ』を評して「人間そのものに対する、はっと思わせるような鋭い反省を述べ、生活の指針となるような教えが述べられている」と記しているが、そうした経緯を反映している。たしかに『ダンマパダ』、『スッタニパータ』に含まれる言葉は、深い洞察、慧眼から生まれたもので、我々の生活のさまざまな局面で指針を与えてくれるものである。しかし、それだけにとどまるのは、両作品に対する「木を見て森を見ない」近視眼的な評価であり、俯瞰性を欠いている。

個々の偈だけを個別に、単発的に読むのではなく、両作品全体を注意深く通読してみると、そこにはブッダの独創的思考方法がはっきりと浮かび上がってくる。それは二段階構造になっており、「甲が生起するのは、乙に縁《よ》ってであり、乙がなければ、甲は生起しない」という論法で、「縁起《えんぎ》」と呼ばれるものである。第一段階は、結果をもたらす原因を考察することであり、第二段階は、結果の消滅には、原因の消滅が必要であるという考察である。ブッダはいつもこの二段論法による事物の因果関係の分析を通じて、すべてのものごとは相互依存しており、何一つとしてそれ自体で独立に存在しておらず、個別存在としては実体がないことを透視した。すなわち、すべては他のものに「条件付けられている」というのがブッダの存在論であり、ものごとにはそれ自体の特性がなく（「無我」）、思い通りにならず（「苦」）、絶えず移ろいゆくもの（「無常」）であるという仏教の基本的立場はすべてここから導き出される。

ブッダはこの存在論に立脚して、自らの究極の関心事であった苦しみを考察し、「苦しみが生起するのは、実体がないものごとへの執着に縁ってであり、執着が消滅すれば、苦しみが生起することはない」という結論、すなわち苦しみの消滅に到達した。

重要なのは、それが単なる形而上学的思弁ではなく、人間存在に内在する「苦しみ、つらさ」を直視し、それを超克するための整合性を持った実践体系としてまとめられていることである。それが四聖諦《ししょうたい》、すなわち苦しみの本質（苦諦）、苦しみの原因（集諦《じったい》）、苦しみの消滅（滅諦）、苦しみの消滅に到る道（道諦）である。そしてこの「苦しみの消滅」すなわち「平安の境地」（ニッバーナ、涅槃）に到る道こそが実践すべき正しい道であり、「八正道」として体系化される。

この実践体系全体の中核に据えられているのが、『ダンマパダ』の冒頭（1、2偈）に「すべてのものごとに先立ち、すべてをつくり出し、すべてを左右する」と記されている心である。この心は、「捉え難く、軽々しく、欲するがままに動き回る。この心を制御することはよいことであり、制御された心は幸せをもたらす」（35偈）。制御するとは、貪瞋癡の三毒（20偈）と呼ばれる三つの否定的活動を制御することである。貪《とん》は好きなものを入手し所有しようとする欲望であり、瞋《じん》は嫌なものを憎み排斥しようとする、正反対の欲望であり、癡《ち》はその両者を引き起こす、生存欲とも言える根源的で抑え難い衝動に近いもの、すなわち迷妄《めいもう》（ほぼ同義語として、無明《むみょう》）である。

こうして見ると、ブッダの教えの中心的要素すなわち「縁起」、「四聖諦」、「八正道」などはすべて、『ダンマパダ』と『スッタニパータ』のなかにすでに見出される。ブッダは、紀元前五世紀のインド人でありながら、驚くほど論理的、科学的であり、近代的とも言える一人の実践的思想家である。この最古の二仏典に含まれるブッダの教えは、二千四百年余りという長い時間を超えた普遍的なものであり、現代の誰もが実践することができるものであり、生活の指針たりうるものである。ブッダが「人類の教師」と呼ばれる所以《ゆえん》である。

参考文献ガイド

パーリ語原典

Anandajoyti Bhikkhu, *A Comparative Edition of the Dhammapada with parallels from Sanskritised Prakrit edited together with A Study of the Dhammapada Collection* (4th revised edition). April 2020. (https://www.ancient-buddhist-texts.net/Buddhist-Texts/C3-Comparative-Dhammapada/index.htm)

英訳

Acharya Buddharakkhita (tr.), *The Dhammapada. The Buddha's Path of Wisdom with an introduction by Bhikkhu Bodhi*. 1966. (https://www.accesstoinsight.org/tipitaka/kn/dhp/dhp.intro.budd.html)

主要日本語訳（初版年代順）

前田恵學『真理のことば』（『世界文学体系4　インド集』所収）筑摩書房、一九

五九年
宮坂宥勝『真理の花たば　法句経』（『現代人の仏教2』所収）筑摩書房、一九六五年
中村元『ブッダの真理のことば・感興のことば』岩波文庫、一九七八年（『真理のことば』（五―一五四頁）が『ダンマパダ』で、『感興のことば』（一五五―三七二頁）は、そのサンスクリット語ヴァージョンともいえる『ウダーナヴァルガ』）
藤田宏達『ダンマパダ（真理のことば）』（『原始仏典　第七巻　ブッダの詩　I』（一―八四頁））講談社、一九八六年
三枝充悳『ダンマパダ・法句経』青土社、一九八九年
片山一良『『ダンマパダ』全詩解説　仏祖に学ぶひとすじの道』大蔵出版、二〇〇九年
今枝由郎『日常語訳　ダンマパダ　ブッダの〈真理の言葉〉』（改訂版）トランスビュー、二〇一五年（初版、二〇一三年）

関連書

今枝由郎『ブッダが説いた幸せな生き方』岩波新書、二〇二一年
リチャード・ゴンブリッチ『ブッダが考えたこと　プロセスとしての自己と世界』（浅野孝雄訳）サンガ、二〇一八年
中村元『原始仏典』ちくま学芸文庫、二〇一一年（初版、『原始仏典I　釈尊の生涯』、『原始仏典II　人生の指針』東京書籍、一九八七年）
ワールポラ・ラーフラ『ブッダが説いたこと』（今枝由郎訳）岩波文庫、二〇一六年

ブッダ年譜

紀元前四八五年頃
シャーキャ国のスッドーダナ王とマーヤー妃の長男として首都カピラヴァストゥに生まれる。

四六九年頃　一六歳
従姉妹のヤショーダラーと結婚。

四五六年頃　二九歳
長男ラーフラの出生の後、王宮を捨てて出家修行者となる。

四五〇年頃　三五歳
ブッダガヤーの菩提樹の下で「目覚め」る。
ヴァーラーナシー郊外のムリガダーヴァ（鹿野苑《ろくやおん》）で最初の説法（初転法輪）をする。

四〇五年頃　八〇歳
クシナガラで入滅。
その直後、ブッダの教えの最初の口頭編纂会議（第一結集《けつじゅう》）。

※仏教の伝播・発達

紀元前二六八年頃-二三二年頃
マウリヤ王朝のアショーカ王が仏教を保護し、全インドに広める。

三世紀
アショーカ王の王子マヒンダがスリランカに仏教をもたらしたと伝えられる。
三－二世紀
『ダンマパダ』、『スッタニパータ』の原型成立。
紀元後六七年
仏教が中国にもたらされたと伝えられる。
二二四年
『法句経』が漢訳される。
四世紀
仏教が朝鮮半島に伝来。
五五二（五三八）年
百済より日本に仏像が贈られる。

訳者あとがき

『スッタニパータ』に続いて、光文社古典新訳文庫に『ダンマパダ』を加えることができ、訳者としてこの上なく嬉しく思っています。

この二作品は、全仏典中の珠玉の双璧であり、紀元前五世紀のインドに生きたブッダの思想をもっとも古い形で伝えるもので、訳者は以前からやさしい現代語にしたいと思っていました。それを最初に公にできたのはトランスビューから刊行した『日常語訳　ダンマパダ　ブッダの〈真理の言葉〉』二〇一三年（改訂版、二〇一五年）、『日常語訳　新編スッタニパータ　ブッダの〈智恵の言葉〉』二〇一四年（抄訳）です。

当時としては最善の努力を尽くしましたが、刊行後改めて読み直してみると、原典解釈に幾つかの誤りがあることに気付くと共に、全体としてパーリ語原典の言い回しに流されて、日本語として十分にこなれていないところがありました。今回の訳はその点を考慮し、一層正確で、読みやすいものにできたかと思います。

本訳を刊行するのに、光文社古典新訳文庫にましてふさわしいものはなく、そこに収録してくださった編集部に深甚の謝意を表します。『スッタニパータ』に続いて編集を担当していただいた小都一郎氏は、今回も草稿を丁寧に読み、適切な指摘、訂正、提案をくださいました。厚くお礼申します。

『スッタニパータ』の「訳者あとがき」にも引用しましたが、オックスフォード仏教研究センター創始者・会長であるリチャード・ゴンブリッチ（一九三七年生）教授は「ブッダはあらゆる時代を通じてもっとも輝かしく、かつ独創的な思想家の一人である。ブッダは人類史上に記録がある中でも、最大の思想家――かつ最高の人格者――の一人と見なされてよい」と述べています。その言葉の精髄をまとめた、仏典の古典中の古典である『ダンマパダ』と『スッタニパータ』の新訳が、紀元前五世紀インドのユマニスト思想家のメッセージを一人でも多くの日本人に伝えることに益すれば、訳者としてこの上ない幸せです。

kobunsha classics
光文社古典新訳文庫

ダンマパダ　ブッダ 真理《しんり》の言葉《ことば》

訳者 今枝《いまえだ》 由郎《よしろう》

2023年6月20日　初版第1刷発行
2024年7月25日　　　　第2刷発行

発行者 三宅貴久
印刷 萩原印刷
製本 ナショナル製本

発行所 株式会社光文社
〒112-8011東京都文京区音羽1-16-6
電話 03（5395）8162（編集部）
03（5395）8116（書籍販売部）
03（5395）8125（制作部）
www.kobunsha.com

落丁本・乱丁本は制作部へご連絡くだされば、お取り替えいたします。
ISBN978-4-334-75480-8 Printed in Japan

いま、息をしている言葉で、もういちど古典を

長い年月をかけて世界中で読み継がれてきたのが古典です。奥の深い味わいある作品ばかりがそろっており、この「古典の森」に分け入ることは人生のもっとも大きな喜びであることに異論のある人はいないはずです。しかしながら、こんなに豊饒で魅力に満ちた古典を、なぜわたしたちはこれほどまで疎んじてきたのでしょうか。

ひとつには古臭い教養主義からの逃走だったのかもしれません。真面目に文学や思想を論じることは、ある種の権威化であるという思いから、その呪縛から逃れるために、教養そのものを否定しすぎてしまったのではないでしょうか。

いま、時代は大きな転換期を迎えています。まれに見るスピードで歴史が動いていくのを多くの人々が実感していると思います。

こんな時わたしたちを支え、導いてくれるものが古典なのです。「いま、息をしている言葉で」――光文社の古典新訳文庫は、さまよえる現代人の心の奥底まで届くような言葉で、古典を現代に蘇らせることを意図して創刊されました。気取らず、自由に、心の赴くままに、気軽に手に取って楽しめる古典作品を、新訳という光のもとに読者に届けていくこと。それがこの文庫の使命だとわたしたちは考えています。

このシリーズについてのご意見、ご感想、ご要望をハガキ、手紙、メール等で翻訳編集部までお寄せください。今後の企画の参考にさせていただきます。

メール　info@kotensinyaku.jp

光文社古典新訳文庫　好評既刊

スッタニパータ　ブッダの言葉

今《いま》枝《えだ》 由《よし》郎《ろう》◉訳

最古の仏典を、難解な漢訳仏教用語を使わずに、原典から平易な日常語で全訳。人々の質問に答え、有力者を教え諭す、「目覚めた人」ブッダのひたむきさが、いま鮮やかに蘇る。

枕草子

清《せい》少《しょう》納《な》言《ごん》／佐《さ》々《さ》木《き》和《わ》歌《か》子《こ》◉訳

宮廷生活で見つけた数々の「いとをかし」。ベテラン女房の清少納言が優れた感性とユニークな視点で綴った世界観を、歯切れ良く瑞々しい新訳で。平安朝文学を代表する随筆。

歎異抄

唯《ゆい》円《えん》著　親《しん》鸞《らん》述／川《かわ》村《むら》湊《みなと》◉訳

天災や戦乱の続く鎌倉初期の無常の世にあって、唯円は師が確信した「他力」の真意を庶民に伝えずにはいられなかった。ライブ感あふれる関西弁で親鸞の肉声が蘇る画期的新訳！

方丈記

鴨《かもの》長《ちょう》明《めい》／蜂《はち》飼《かい》耳《みみ》◉訳

出世争いにやぶれ、山に引きこもった不遇の才人・鴨長明が、災厄の数々、生のはかなさを綴った日本中世を代表する随筆。和歌十首と訳者によるオリジナルエッセイ付き。

梁《りょう》塵《じん》秘《ひ》抄《しょう》

後《ご》白《しら》河《かわ》法《ほう》皇《おう》◉編纂／川《かわ》村《むら》湊《みなと》◉訳

歌の練習に明け暮れ、声を嗄らし喉を潰すこと三度。サブカルが台頭した中世、聖俗一体の歌謡のエネルギーが、後白河法皇を熱狂させた。画期的新訳による中世流行歌一〇〇選！

ぼくはいかにしてキリスト教徒になったか

内《うち》村《むら》鑑《かん》三《ぞう》／河《こう》野《の》純《じゅん》治《じ》◉訳

武士の家に育った内村は札幌農学校でキリスト教に入信。やがてキリスト教国をその目で見ようとアメリカに単身旅立つ…。明治期の青年が信仰のあり方を模索し悩み抜いた記録。

光文社古典新訳文庫　好評既刊

君主論

マキャヴェッリ／森川《もりかわ》辰文《よしふみ》◉訳

傭兵ではなく自前の軍隊をもつ。人民を味方につける…。フィレンツェ共和国の官僚だったマキャヴェッリが、君主に必要な力量を示した、近代政治学の最重要古典。

コモン・センス

トマス・ペイン／角田《つのだ》安正《やすまさ》◉訳

イギリスと植民地アメリカの関係が悪化するなか、王政、世襲制の非合理性を暴き、〝独立以外の道はなし〟と喝破した小冊子「コモン・センス」は、世論を独立へと決定づけた。

菊と刀

ベネディクト／角田《つのだ》安正《やすまさ》◉訳

第二次世界大戦中、米国戦時情報局の依頼で日本人の心理を考察、その矛盾した行動を分析した文化人類学者ベネディクトのロングセラー。現代の日本を知るために必読の文化論。

リヴァイアサン　1

ホッブズ／角田《つのだ》安正《やすまさ》◉訳

「万人の万人に対する闘争状態」とはいったい何なのか。この逆説をどう解消すれば平和が実現するのか。近代国家論の原点であり、西洋政治思想における最重要古典の代表的存在。

リヴァイアサン　2

ホッブズ／角田《つのだ》安正《やすまさ》◉訳

「万人の万人に対する闘争状態」から国家はどのようにして成立するのか？　国家権力の絶対性と臣民の自由について考察する第2部を収録。人民主権の原点がわかる必読書！

人口論

マルサス／斉藤《さいとう》悦則《よしのり》◉訳

「人口の増加は常に食糧の増加を上回る」。デフレ、少子高齢化、貧困・格差の正体が、人口から見えてくる。二十一世紀にこそ読まれるべき重要古典を明快な新訳で。（解説・的場昭弘）

光文社古典新訳文庫　好評既刊

詩学
アリストテレス／三浦《みうら》洋《ひろし》◉訳

古代ギリシャ悲劇を分析し、「ストーリーの創作」として詩作について論じた西洋における芸術論の古典中の古典。二千年を超える今も多くの人々に刺激を与え続ける偉大な書物。

ソクラテスの思い出
クセノフォン／相澤《あいざわ》康隆《やすたか》◉訳

徳、友人、教育、リーダーシップなどについて対話するソクラテスの日々の姿を、自らの見聞に忠実に記した追想録。同世代のプラトンによる対話篇とはひと味違う「師の導き」。

神学・政治論（上）
スピノザ／吉田《よしだ》量彦《かずひこ》◉訳

哲学と神学を分離し、思想・言論・表現の自由を確立しようとするスピノザの政治哲学の独創性と今日的意義を、画期的に読みやすい訳文と豊富な訳注、詳細な解説で読み解く。

神学・政治論（下）
スピノザ／吉田《よしだ》量彦《かずひこ》◉訳

思想・言論・表現の自由は、どのようにして守り抜くことができるのか。宗教と国家、個人の自由について根源的に考察したスピノザの思想こそ、いま読まれるべきである。

人生の短さについて　他2篇
セネカ／中澤《なかざわ》務《つとむ》◉訳

古代ローマの哲学者セネカの代表作。人生は浪費すれば短いが、過ごし方しだいで長くなると説く表題作ほか2篇を収録。２０００年読み継がれてきた、よく生きるための処方箋。

プロタゴラス　あるソフィストとの対話
プラトン／中澤《なかざわ》務《つとむ》◉訳

若きソクラテスが、百戦錬磨の老獪なソフィスト、プロタゴラスに挑む。ここには通常イメージされる老人のソクラテスはいない。躍動感あふれる新訳で甦るギリシャ哲学の真髄。

光文社古典新訳文庫　好評既刊

メノン——徳《アレテー》について
プラトン／渡辺《わたなべ》邦夫《くにお》◉訳

二十歳の青年メノンを老練なソクラテスが挑発する。西洋哲学の豊かな内容をかたちづくる重要な問いを生んだプラトン初期対話篇の傑作。『プロタゴラス』につづく最高の入門書。

ソクラテスの弁明
プラトン／納富《のうとみ》信留《のぶる》◉訳

ソクラテスの裁判とは何だったのか？　ソクラテスの生と死は何だったのか？　その真実を、プラトンは「哲学」として後世に伝え、一人ひとりに、自分のあり方、生き方を問う。

饗宴
プラトン／中澤《なかざわ》務《つとむ》◉訳

悲劇詩人アガトンの祝勝会に集まったソクラテスほか六人の才人たちが、即席でエロスを賛美する演説を披瀝しあう。プラトン哲学の神髄であるイデア論の思想が論じられる対話篇。

テアイテトス
プラトン／渡辺《わたなべ》邦夫《くにお》◉訳

知識とは何かを主題に、知識と知覚について、記憶や判断、推論、真の考えなどについて対話を重ね、若き数学者テアイテトスを「知識の哲学」へと導くプラトン絶頂期の最高傑作。

パイドン——魂について
プラトン／納富《のうとみ》信留《のぶる》◉訳

死後、魂はどうなるのか？　肉体から切り離され、それ自身存在するのか？　永遠に不滅なのか？　ソクラテス最期の日、弟子たちと獄中で対話する、プラトン中期の代表作。

ゴルギアス
プラトン／中澤《なかざわ》務《つとむ》◉訳

人びとを説得し、自分の思いどおりに従わせることができるとされる弁論術に対し、ソクラテスは、ゴルギアスら3人を相手に厳しい言葉で問い詰める。プラトン、怒りの対話篇。

光文社古典新訳文庫　好評既刊

幸福について
ショーペンハウアー／鈴木《すずき》芳子《よしこ》●訳

「人は幸福になるために生きている」という考えは人間生来の迷妄であり、最悪の現実世界の苦痛から少しでも逃れ、心穏やかに生きることが幸せにつながると説く幸福論。

善悪の彼岸
ニーチェ／中山《なかやま》元《げん》●訳

西洋の近代哲学の限界を示し、新しい哲学の営みの道を拓こうとした、ニーチェ渾身の書。アフォリズムで書かれたその思想を、ニーチェの肉声が響いてくる画期的新訳で！

ツァラトゥストラ（上）
ニーチェ／丘沢《おかざわ》静也《しずや》●訳

「人類への最大の贈り物」「ドイツ語で書かれた最も深い作品」とニーチェが自負する永遠の問題作。これまでのイメージをまったく覆す軽やかでカジュアルな衝撃の新訳。

ツァラトゥストラ（下）
ニーチェ／丘沢《おかざわ》静也《しずや》●訳

「これが、生きるってことだったのか？　じゃ、もう一度！」。大胆で繊細、深く屈折しているがシンプル。ニーチェの代理人、ツァラトゥストラが、言葉を蒔きながら旅をする。

この人を見よ
ニーチェ／丘沢《おかざわ》静也《しずや》●訳

精神が壊れる直前に、超人、偶像、価値の価値転換など、自らの哲学の歩みを、晴れやかに痛快に語った、ニーチェ自身による最高のニーチェ公式ガイドブックを画期的新訳で。

存在と時間（全8巻）
ハイデガー／中山《なかやま》元《げん》●訳

〝存在（ある）〟とは何を意味するのか？　刊行以来、哲学の領域を超えてさまざまな分野に影響を与え続ける20世紀最大の書物。定評ある訳文と詳細な解説で攻略する！

光文社古典新訳文庫　好評既刊

哲学書簡

ヴォルテール／斉《さい》藤《とう》悦則《よしのり》◉訳

イギリスにおける信教の自由や議会政治を賛美し、フランス社会の遅れを批判したことで発禁処分となったヴォルテールの思想の原点。のちの啓蒙思想家たちに大きな影響を与えた。

笑い

ベルクソン／増《ます》田《だ》靖彦《やすひこ》◉訳

〝笑い〟を引き起こす〝おかしさ〟はどこから生まれるのか。形や動きのおかしさから、情況や言葉、そして性格のおかしさへと、喜劇のさまざまな場面や台詞を引きながら考察を進める。

人間不平等起源論

ルソー／中《なか》山《やま》元《げん》◉訳

人間はどのようにして自由と平等を失ったのか？　国民がほんとうの意味で自由で平等であるとはどういうことなのか？　格差社会に生きる現代人に贈るルソーの代表作。

社会契約論／ジュネーヴ草稿

ルソー／中《なか》山《やま》元《げん》◉訳

「ぼくたちは、選挙のあいだだけ自由になり、そのあとは奴隷のような国民なのだろうか」。世界史を動かした歴史的著作の画期的新訳。本邦初訳の「ジュネーヴ草稿」を収録。

孤独な散歩者の夢想

ルソー／永《なが》田《た》千《ち》奈《な》◉訳

晩年、孤独を強いられたルソーが、日々の散歩のなかで浮かび上がる想念や印象をもとに、自らの生涯を省みながら自己との対話を綴った10の〝哲学エッセイ〟。（解説・中山元）

ドラキュラ

ブラム・ストーカー／唐《から》戸《と》信嘉《のぶよし》◉訳

トランシルヴァニアの山中の城に潜んでいたドラキュラ伯爵は、さらなる獲物を求め、英国へ！　帆船を意のままに操って嵐の海を渡り、吸血鬼文学の代名詞たる不朽の名作。

光文社古典新訳文庫　好評既刊

翼　李箱作品集

李箱《イサン》／斎藤《さいとう》真理子《まりこ》◉訳

怠惰を愛する「僕」は、隣室で妻が「来客」からもらうお金を分け与えられて……。表題作ほか、韓国文学史上、最も伝説に満ちた作家による小説、詩、日本語詩、随筆等を収録。

カーミラ　レ・ファニュ傑作選

レ・ファニュ／南條《なんじょう》竹則《たけのり》◉訳

恋を語るように甘やかに、妖しく迫る美しい令嬢カーミラに魅せられた少女ローラは日に日に生気を奪われ……。ゴシック小説の第一人者レ・ファニュの表題作を含む六編を収録。

若きウェルテルの悩み

ゲーテ／酒寄《さかより》進一《しんいち》◉訳

故郷を離れたウェルテルが恋をしたのは婚約者のいるロッテ。関わるほどに愛情とともに深まる絶望。その心の行き着く先は……。世界文学史に燦然と輝く文豪の出世作。

血の涙

李人稙《イインジク》／波田野《はたの》節子《せつこ》◉訳

日清戦争の戦場・平壌。砲弾が降り注ぐなか、親とはぐれた七歳のオンニョンは、情に厚い日本人軍医に引き取られるが……。「朝鮮で最初の小説家」と称えられた著者の代表作。

説　得

オースティン／廣野《ひろの》由美子《ゆみこ》◉訳

周囲から説得され、若き海軍士官ウェントワースとの婚約を破棄したアン。八年後、二人はぎこちない再会を果たすが……。大人の恋愛の心情を細やかに描いた、著者最後の長篇。

黒馬物語

アンナ・シューウェル／三辺《さんべ》律子《りつこ》◉訳

母と過ごした幸せな仔馬時代から、優しいご主人の厩舎での活躍、都会の馬車馬としての過酷な運命まで、一頭の馬の波乱に満ちた一生を馬自身の視点から描いた動物文学の名作。